Kohlhammer

Metalbook, Vol. 2

Herausgegeben von Charalampos Efthymiou, Peter Kritzinger und Peter Pichler

Eine Übersicht aller lieferbaren und im Buchhandel angekündigten Bände der Reihe finden Sie unter:

https://shop.kohlhammer.de/metalbook

Die Autoren

Jörg Scheller (aka Earl Grey, rechts im Bild) lehrt und forscht an der Zürcher Hochschule der Künste und der Kunsthochschule Posen. Nebenbei ist er zertifizierter Fitnesstrainer und als freier Autor für diverse populäre wie auch unpopuläre Medien tätig. Er lebt im schweizerischen Hochsteuerkanton Bern. Jochen Neuffer (aka Sumatra Bop, links im Bild) ist Softwareingenieur in der Automobilindustrie und lebt in Stuttgart. Ebendort ist er in einer Vielzahl musikalischer Projekte aktiv. Unter anderem spielt er Gitarre in der Alternative-Band Cristo Crouch und widmet sich mit FruitOfTheLoop der Klangforschung. Zusammen bilden Scheller und Neuffer das Metal-Duo Malmzeit und besingen, stets gut gekleidet, sitzend und teetrinkend, einzig das Wetter. Seit 2004 betreiben sie einen weltweit mutmaßlich einzigartigen Heavy-Metal-Lieferservice und bringen ihre Konzerte direkt in die guten Stuben.

Jörg Scheller/Jochen Neuffer

Make Metal Small Again

20 Jahre Malmzeit

Verlag W. Kohlhammer

Zusatzmaterial online: https://dl.kohlhammer.de/978-3-17-043435-6

1. Auflage 2023

Gesamtherstellung: W. Kohlhammer GmbH, Stuttgart

Print:
ISBN 978-3-17-043435-6

E-Book-Formate:
pdf: ISBN 978-3-17-043436-3
epub: ISBN 978-3-17-043437-0

„I consider them the Florence Nightingale of Heavy Metal."
(John Kimble)

„Some Heavy Metal bands are brave. This one is brav."
(Diana Reddin)

„Hello, Heavy Metal Delivery Service audience.
You will not miss the seasons if they are not here."
(King Buzzo, The Melvins)

Inhalt

20 Jahre Malmzeit: 20 Jahre Subversion der Subversion

Geleitwort von Gunnar Sauermann

Prinzipiell verhalten sich Heavy Metal, in allen seinen Spielarten, und das Feuilleton antithetisch zueinander. Letzteres lässt sich als textgewordene Borniertheit deutscher Akademiker beschreiben, die, elendig an rückwärtsorientierte Kunstformen geklammert, wirklich Neuartiges weder verstehen können noch wollen. Subkulturen werden höchstens mit „Phänomenartikeln" abgespeist, wenn sie sich dank kritischer Masse nicht mehr ignorieren lassen. So zieht sich mittlerweile auch eine Schleimspur vom Feuilleton zum Metal.

Die harte Gitarrenmusik definiert sich in den paraphrasierten Worten von Malmzeit-Tieftöner Earl Grey hingegen dadurch, dass sie sich trotz größtem Respekt vor den eigenen Traditionslinien stets neu erfindet. Malmzeit gleichen dabei einem anarchistischen Elementarteilchen, das – je nach Blickwinkel des Betrachters – in einer Art künstlerischer Quantenmechanik zwischen Metal und Feuilleton changiert und potenziell in beiden Räumen existiert.

Musikalisch basieren Malmzeit auf einer Melange aus frühen Celtic Frost-, Thrash- und primitiven Florida Death-Einflüssen, die jeweils deutliche Rudimente aus Punk und proletarischem Hardcore aufweisen. Die gebotene Verneigung vor der Tradition ist also vorhanden. Äußerlich hält sich das betont teetrinkende Duo jedoch in Anzugträgersphären auf.

Der Vollzugsort, die Couch, schon vom hintersinnigen Loriot als zum Möbel geronnene Essenz des Bürgerlichen ikonisiert, steht ebenso im krassen Widerspruch zur Erwartungshaltung ordentlicher Headbanger, schwitzende Langhaarige mit Bier und E-Gitarren in der Hand auf der Bühne zu sehen.

In diesem eigentümlichen Quantenzustand zählen plötzlich Ministerpräsidenten zu Malmzeits Publikum. Dabei hätten Landesherren noch vor wenigen Jahren jegliche Berührung mit dem „satanischen Todesblei" (Metal in der Diktion eines deutschen Professors, der seine grenzdebilen Thesen im öffentlich-rechtlichen Rundfunk breittreten durfte) aus Angst vor fundamentalistisch-christlichem Wählerzorn partout gemieden. So mutiert die schadenfrohe Eroberung des Salons aus musikalischer Liebe durch zwei noch nicht so alte weiße Männer gleichzeitig zur Provokation aller selbsternannten Gralshüter der reinen metallischen Lehre.

Chapeau, Malmzeit – weitermachen!

Metal im Blut

Geleitwort von Dr. Claus-Peter Clostermeyer

Auf den ersten Blick mag ein „Heavy-Metal-Lieferservice" im betulichen Stuttgart als Widerspruch erscheinen. Die musikalische Entwicklung dort schien seit Friedrich Silcher („Der Mai ist gekommen") fast geradlinig auf die beiden „Zupfgeigenhansel" zuzulaufen. Eine genauere Analyse zeigt jedoch die tieferen kulturhistorischen Bezüge, geradezu Notwendigkeiten, die zum „Lieferservice" führten.

Wenn es einen Stoff gibt, der das Land prägt, dann ist es Metall. Einer der Protagonisten dort ist die IG Metall. Der eher schlichte Name darf nicht täuschen: Understatement ist eine schwäbische Stammeseigenschaft, hinter der sich indes geballte Energie verbirgt. Schon in den Sechzigerjahren erzielten die Metaller mit „Iron Man" Otto Brenner an der Spitze beträchtliche Erfolge in der Auseinandersetzung mit den „Kings of Metal".

Kennzeichnend ist, dass der Klang von Metall auch im Mittelpunkt der Lyrics von Friedrich Schiller steht: „Das schlägt an die metallne Krone, die es erbaulich weiter klingt" oder „dass vom reinlichen Metalle / Rein und voll die Stimme schalle." Metal für die Ewigkeit!

In zahllosen Heavy-Metal-Hits wird unverhohlen auf schwäbische Gegebenheiten Bezug genommen: Den Andrang am Wochenende auf die Schwäbische Alb schildert „Run to the Hills" von Iron Maiden, mit „Heaven and Hell" greift Black Sabbath das den Stillen im Lande teure Bild vom „breiten und dem schmalen Weg" auf. Das Lustschloss hoch über Stuttgart wird von Candlemass in „Solitude" besungen, und die „Wheels of Confusion" von Black Sabbath meinen superteure schwäbische Alufelgen.

Wie tief die Wurzeln reichen, zeigt das „Metall-M" in der Mitte des Namens des 1853 gegründeten schwäbischen Traditionsunternehmens WMF. Bemerkenswert ist auch die Bezugnahme auf den Luftschiffbauer der vorvergangenen Jahrhundertwende vom Bodensee bei Led Zeppelin.

Die Zeiten indes ändern sich und die Industrie- wird zur Dienstleistungsgesellschaft. Hier wies Fear Factory mit „Demanufacture" den Weg, den mit großem Erfolg der „Lieferservice" beschreitet. Passend zu typisch schwäbischen Anlässen, bei denen traditionell Hirnsuppe gereicht wird oder Innereien verzehrt werden, liefert er nun seit zwanzig Jahren die Begleitmusik. Der „Heavy-Metal-Lieferservice" ist somit durch und durch logisches Produkt einer den Südwesten prägenden Kultur.

Was ist Metal? Und was hat das mit mir zu tun?

Geleitwort von Mithu M. Sanyal

Zuerst einmal: Ich habe keine Ahnung von Heavy Metal. Ende des Geleitworts.

„Dann schreib doch Dein Geleitwort darüber, dass Metal so ein maskulinistisch-konservatives Image hat", schlägt mir Jörg Scheller vor.

Das stimmt! Bloß komme ich aus Düsseldorf. Und bei uns bedeutet Metal: Doro Pesch. Als Jugendliche lehrte sie mich die wichtige Lektion, dass auch Frauen scheiße Musik machen konnten. Was bedeutete: Musik, die ich nicht verstand, weil ich ihre Texte nicht verstehen konnte.

Metal ist für mich Musik, die Untertitel braucht.

Tatsächlich ist Metal aber noch viel mehr.

Als ich Jörg Scheller kennen lernte, wurde er mir als Professor für Kunstgeschichte vorgestellt. „Und Bodybuilder und Heavy-Metal-Musiker", ergänzte er, und die Vorurteile in meinem Gehirn machten: Crash. Meine Gedanken gingen in etwa so: Bodybuilder und Metalheads sind dumm – sprich: proletarisch –, also können sie keine Professoren sein. Außer für Heavy Metal und Sport. Wow!

Offensichtlich haben meine Probleme mit Metal gar nicht in erster Linie mit Gender zu tun, sondern mehr mit Class.

Höchste Zeit, mir Metal erklären zu lassen oder zumindest ein Konzert von Malmzeit anzuschauen. Ich bin direkt positiv überrascht: Malmzeit ist eine Band, die im Sitzen spielt. Ich bin eine Frau, die sogar Sport liebend gern im Sitzen macht. Da haben wir schon mal eine Gemeinsamkeit. Die zweite ist, dass wir nur arbeiten, wenn wir dabei Tee trinken können. Meine Teetassen rhythmisieren meinen Schreibfluss, Malmzeits Teetassen sind ein eigenes Instrument. Da soll noch mal jemand sagen, dass Verzerrungen keine Schönheit haben: Schlürf.

Sumatra Bop und Earl Grey spielen ein weiteres Riff, und plötzlich schalten sich meine Spiegelneuronen ein und ich stehe mit ihnen im Sturm und der Regen peitscht uns ins Gesicht und es ist atemberaubend und aufregend und gefährlich. Wenn man Metal spielt, ist man draußen im Wind. Ich verstehe die Musik noch immer nicht, aber ich verstehe, dass sie verdammten Spaß macht.

Einleitung: Tea, Trash & Talk

Dies sind die Midlife-Memoiren der mutmaßlich merkwürdigsten und ganz sicher kleinsten Metalband der Welt. „Klein" in jeder Hinsicht. Als wir, Earl Grey und Sumatra Bop, im Jahre 2003 das Metal-Duo Malmzeit gründeten, waren wir der Monumentalität und der Materialschlachten des Metal müde. Und gleichzeitig wollten wir die Musik, die wir liebten, weiterhin spielen. Was tun? Uns stand der Sinn nach einem Projekt, das die Brutalität des Todesbleis mit der Heimeligkeit der Kammermusik verquickte. Schubert meets Slayer, wenn man so will. Oder kürzer: Kammermetal. Dazu ein billiger Drumcomputer, der elitären Thrash Metal in niederschwelligen Trash Metal zu verwandeln vermochte. Zudem sollten bei den Konzerten die Pausen zwischen den Songs länger als die Songs selbst sein, auf dass wir bei einem Kännchen Tee mit dem Publikum ausführlich über Gott, die Welt und das Wetter plaudern konnten. Vor allem über das Wetter. Schnell stand fest, dass wir unsere Songtexte einzig diesem Thema widmen wollten. Von Beginn an setzte Malmzeit dabei auf Eigenkompositionen und begründete so neben Kammermetal und Trash Metal auch Heavy Meteo.

Das vorliegende Buch erzählt, wie im Humus dieser Ideen unser Entschluss reifte, die rostigen Routinen des Konzertbetriebs wie auch des Albenveröffentlichens hinter uns zu lassen und den weltweit ersten Heavy-Metal-Lieferservice zu gründen – eine Dienstleistung, die Metal-Konzerte wie Pizza in die guten Stuben bringt. Warum sollte die Kundschaft denn immer zur Band kommen müssen? Das Konsumbürgertum des 21. Jahrhunderts verlässt das Haus ohnehin nur noch für Fernreisen und kosmetisch-chirurgische Eingriffe. Nahrungsmittel, Unterhaltungselektronik und Erotik lässt es sich ins traute Heim liefern. So, dachten wir, müsste es sich doch auch mit zeitgemäßem Metal verhalten. Und tatsächlich funktionierte die Sache auf Anhieb.

Seit 20 Jahren sind wir nun mit minimalem CO_2-Fußabdruck in Europa unterwegs, beschallen auf Bestellung mal hochrangige Politiker, mal linksalternative Hausbesetzer*innen, konzertieren mal im rumänischen Rundfunk, mal in einem venezianischen Pavillon, bringen mal einen illegalen Club zum Kochen, mal eine Seniorenrunde während einer Matinee auf Schloss Donzdorf. Wir produzieren keine Tonträger, sondern offerieren die Kostbarkeiten einmaliger Ereignisse. Wir haben keine Plattenfirma, sondern praktizieren anarchische Selbstorganisation. Wir trinken kein Bier, sondern nippen an gesundheitsförderlichen Teevariationen. Wir sprinten nicht streberhaft über Bühnen, sondern sitzen beim Brüllen und Schrubben entspannt im Korbsessel. Und während sich andere Metaller noch im hohen Alter ins knarzende Lederwams zwängen, achten wir auf eine gediegene Bühnengarderobe, mit der sich ohne Zeitverlust direkt zum Opernball oder zum Vorstellungsgespräch wechseln lässt.

Mit der vorliegenden Bandbiographie schließen wir das erste Kapitel unserer Geschichte ab: zwei Dekaden voller Tea, Trash & Talk. Den Heavy-Metal-Lieferservice wird es zwar weiterhin geben. Doch ein neues Kapitel hat sich aufgetan. Mit der Malmzeit-Coverband Malmstein, die ausschließlich aus Malmzeit-Mitgliedern besteht, aber nur im Stehen, in Metal-Kluft und mit Session-Drummer statt Drumcomputer auftritt, diversifizieren wir unser Angebot und expandieren in den Heavy-Meta-Sektor. Es gibt schon zu viele schlechte Coverbands auf dieser Welt. Indem wir das Cover-Geschäft selbst übernehmen, kommen wir miesen Epigonen zuvor und schützen unser Erbe für die künftigen Generationen. Trashige Audio- und Videodokumente dieses Erbes sind über die hier und da am Rand dieses Buchs verstreuten QR-Codes zugänglich.

Zürich und Stuttgart, im Juni 2023 — Earl Grey & Sumatra Bop

2003
Metal im Sitzen

Schon am Anfang kam alles ganz anders, als es hätte kommen sollen. Im Jahr 2003 wurde in Stuttgart überraschend ein Konzert der sagenumwobenen Postrock-Band Ma Cherie for Painting angekündigt, obwohl sie eigentlich keine Live-Auftritte mehr absolvierte. Entsprechend groß waren das Interesse und die Vorfreude im Club „Merlin“. Doch die Typen auf der Bühne waren ... irgendwie anders. Die Musik war ... irgendwie anders. Nein, das waren doch nicht Ma Cherie for Painting! Die Band hatte sich einen Spaß erlaubt und kurzerhand die Musiker ausgewechselt. Niko Lazarakopoulos, Joachim Henn und Christian Steckroth verbrachten das eigene Konzert vermutlich fußballschauend zuhause.

Unter den frei improvisierenden Musikern auf der Bühne befand sich ein gewisser Earl Grey. Der damals 24-Jährige simulierte in Stuttgart ein Kunstgeschichtsstudium und war hauptsächlich in Tonstudios, in Musikclubs, im Fitnesscenter „Move Factory“ und in einem Asia-Imbiss in Bad Cannstatt, von dem noch die Rede sein wird, anzutreffen. Mit Ma Cherie for Paintings Schlagzeuger Niko Lazarakopoulos und einem blauen Flusskrebs lebte er, inmitten der Stuttgarter Reichen und Verschönerten, in einer etwas heruntergekommenen WG am Killesberg. Eine blinde, über 90-jährige Dame namens Emma Hosenthien vermietete diese aus humanitären Gründen an Studenten. Mitglieder der im Kollektiv Motorcity Sonic organisierten Stuttgarter Indie-Szene gingen dort ein und aus, darunter Floyd und Gage von Navel, Ralv Milberg und Jyrgen Ueberschär von longjumpmin, die Steinbach Twins von The Go-Luckys! und viele mehr.

Im „Merlin“-Publikum wiederum stand ein gewisser Sumatra Bop. Ein paar Jahre zuvor war er nach Stuttgart gezogen und wurde in der dortigen Subkultur neben seinen hauptberuflichen Ingenieurspflichten als Musiker aktiv. Wie Earl Grey hatte er seine Kindheit in der schwäbischen Provinz verbracht, mithin in einer Gegend geprägt von Maschinenbau und industrialisierter Landwirtschaft. In diesem Umfeld war es naheliegend, Metal-Bands zu gründen, was Earl im zarten Alter von 13 Jahren als Sänger und Sumatra mit 14 Jahren als Gitarrist denn auch taten. Während Earl erst im Keller der örtlichen Apotheke, dann im Keller des Musikvereins der Pietisten-Hochburg Korntal probte, musizierte Sumatra 50 Kilometer weiter östlich unter dem schlecht gedämmten Dach des bei Göppingen gelegenen elterlichen Bauernhofes. Es war ein idealer Raum, um an Samstagnachmittagen das gesamte Dorf an den Fortschritten teilhaben zu lassen. An Feedback mangelte es folglich nicht. Jahre später, es muss so Mitte der Neunziger gewesen sein, entschied sich Sumatra aus einer Laune heraus, bei einem Musikalienhändler im nahe gelegenen Donzdorf ein gebrauchtes Saxofon zu kaufen. Damals ahnte er noch nicht, dass das ortsansässige Kleinunternehmen Nuclear Blast dereinst zu einem der bedeutendsten Metallabels der Welt werden würde. Auch konnte Sumatra beim Kauf des Saxofons noch nicht wissen, dass er einmal im Donzdorfer Schloss mit Malmzeit gastieren würde. Doch dazu später.

Die autodidaktischen Versuche auf dem Saxofon ließen sich mit reichlich gutem Willen als eine Spielart von Free-Jazz bezeichnen. Dafür bestand in der Provinz jedoch keine Nachfrage – zu wenig Metal. In der Metropole Stuttgart jedoch erfreuten sich Sumatras holzbläserische Kapriziositäten einer gewissen Nachfrage unter experimentierfreudigen Musikern. So war Sumatra denn zeitweise als Gastbläser bei besagten Ma Cherie for Painting engagiert. Selbstredend wollte er sich den raren Auftritt seiner Teilzeitkollegen nicht entgehen lassen und begab sich an jenem denkwürdigen Abend erwartungsvoll ins „Merlin“. Sumatra und Earl waren sich bereits zuvor begegnet, als sich ersterer in der damaligen Band des letzteren, dem Gehobenen-Mittelstands-Experimental-Rock-mit-stark-technoidem-Einschlag-Trio longjumpmin, ebenfalls als Teilzeit-Saxophonist betätigte.

Nach dem Sans-Cherie-Konzert kamen wir, Sumatra Bop und Earl Grey, erstmals persönlich in ein vertieftes Gespräch. Bei einem Glas Apfelschorle an der Bar entspann sich eine Konversation, die sich ums Zähneputzen drehte. Gründe für die Themenwahl dürften wohl ewig ein Rätsel bleiben. Der damals 32-jährige, lebenserfahrenere Sumatra sprach sinngemäß zu Earl:

> „Wer die Bürste von oben nach unten und unten nach oben bewegt, schrubbt alles in die Zahnfleischtaschen. Mit kreisenden Bewegungen lässt sich das vermeiden."

Von hier aus war es nur noch ein kleiner Schritt zum Austausch intimster Details, darunter die genau hier, an der Bar des „Merlin" entdeckte gemeinsame Metal-Vergangenheit.

Wir gestanden einander, ein wenig verschämt, nicht schon von Kindestagen an in verkopften Postrock-Formationen gespielt zu haben. Vielmehr waren wir Mitglieder eher kunstferner Heavy-Metal-Bands gewesen – Sumatra an der Gitarre, Earl an der Kehle. Sumatra hatte mit Bands wie Chamoix, Spunk und On Mouse Over zahlreiche Konzerte absolviert, unter anderem im Vorprogramm von The Notwist. Earl war schon als 14-Jähriger mit Pigster auf der Bühne gestanden, etwa in Filderstadt als Vorband von Araya. Und weil am Anfang des neuen Jahrtausends allgemein eine gewisse Nostalgie in der Luft lag, und weil Metal bekanntlich forever ist, und weil es überhaupt ein merkwürdiger Abend war, beschlossen wir, dass man es doch noch einmal versuchen könnte. Das mit dem Metal. Aber auf eher leichtmetallische Weise. Am 31. Mai fand die erste kalendarisch verbürgte Jamsession in Bad Cannstatt statt. Malmzeit war geboren!

Kein Drummer, da waren wir uns schnell einig. Drummer machen Ärger. Sie benötigen Kombifahrzeuge, sind materialintensiv, verbrauchen viel Energie, sind selten taktvoll und überhaupt, diese ganze verschwitzte Körperlichkeit – das passte nicht in die anbrechende digitale Ära, in der doch alles klein, smart, flexibel und *easy* werden sollte! Also musste ein Drumcomputer her. Wir erstanden ein preiswertes Gerät des Herstellers Zoom im Stuttgarter Musikwarenladen „Sound of Music", den ein knorriger älterer Herr führte. Hans R. Schweizer hatte sämtliche Rockgrößen des Multiversums persönlich kennengelernt und war für sein unnachahmliches Jugendslangimitat bekannt, mit dem er die Vertreter der schwäbischen Subkulturen zu begrüßen pflegte: „Heyyyyyy, ihr seid immer kniffe [sic!] drauf!" Die Masche funktionierte kniffe. Jahrelang erwarben wir unser Equipment in Schweizers Geschäft, das damals an der Ecke Wilhelmstraße-Olgastraße lag, darunter auch das bis 2022 verwendete Headset-Mikrophon mit dem charakteristischen kanistrig-mattdumpfen Klang.

Beim Bargespräch im „Merlin" hatte sich herausgestellt, dass wir beide wenig Interesse daran hatten, über nackte Drachen, feuerspeiende Frauen oder unsterbliche Motorräder zu singen. Die wirkliche Härte im Leben, der absolute Horror, die wahre Allmacht, das einzige Nicht-zur-Gänze-Kontrollierbare, das letzte der Erhabenheit des Metal würdige, aber in ebendiesem noch nicht vollumfänglich erschlossene Thema – das, so waren wir nach dem Apfelschorle bei zwei Tässchen Früchtetee überein gekommen, ist allein das Wetter. Auch schien uns, dass die anderen beiden großen Themen, also Sex und Tod, im Metal bereits hinlänglich behandelt würden. So fassten wir einen Entschluss von monumetaller Tragweite: Das Wetter, einzig das Wetter, wollten wir fortan besingen. Malmzeit war damit – und ist es unseres Wissens weiterhin – das erste und einzige Heavy-Meteo-Duo der Welt. Wie wir aber auf den Namen „Malmzeit" kamen, und ob dieser etwas mit dem Wetter zu tun hat, müssen andere herausfinden – wir wissen es nicht, haben es vergessen, haben es womöglich auch nie gewusst.

Sumatras damalige Lebensgefährtin fertigte ein Bandfoto an, das uns als ältliche Wettermoderatoren zeigte. Earl schlüpfte dafür in einen übergroßen, in der Schorndorfer Altkleiderhölle „Wühli" aus dem Klamottenberg gegrabenen Anzug. Der berufstätige Sumatra verfügte bereits über edleres Garn. Die eilends angeworbene Webmasterin Miriam Mohr platzierte die beiden Meteometaller für eine minimalistisch designte Internetseite vor eine Wetterkarte in freundlichen Gelb-, Rot- und Orangetönen. Ein zweites Bandfoto (▶ Abb. 1) präsentiert uns vor einem überdimensionierten Wetterhäuschen, das im weiteren Verlauf dieser Erzählung noch eine Rolle spielen wird.

Abb. 1: Foto aus der Frühphase: Malmzeit vor Wetterhäuschen (nicht maßstabsgerecht).

Nachdem wir lange die Unterschiede zwischen Wetter und Klima debattiert hatten und übereingekommen waren, dass Klima so etwas wie Wetter in „November-Rain"-Länge sei, nahm die unheilvolle Allianz von Metal und Meteorologie ihren Lauf und die apokalyptische Klimadebatte der 2020er-Jahre vorweg. Denn selbstverständlich handelten unsere Songtexte von schlechtem, ja desaströsem Wetter und seinen Folgen: von Tornados, Kälteeinbrüchen, Erdrutschen, Sturmfluten. Frühe Textzeilen lauteten etwa:

Lightning, prayer, Luther dead
Vultures circling 'round his head.

Oder:

In Janesville stands a mansion bright
With Uwe Wesp inside
He's snoring with the taifun's breath
Calm's the center of man's death.

Zum Ausgleich, und weil uns die Jahreszeiten überbewertet vorkamen, verfassten wir einen Song über unsere mit übers gesamte Jahr gleichbleibenden meteorologischen Verhältnisse gesegnete Lieblingsinsel Kiribati, die wir später mehrfach bereisen sollten und über deren Geschichte wir uns vorab in intensivem E-Mail-Verkehr austauschten.

Die Beats, die Sumatra zu diesen Ergüssen auf Zoom programmierte, klangen wenig metallisch. Eher tönte das nach Plastik. Trashig. Und vor allem: unspielbar von Drummern aus Fleisch und Wut. So entstand die seither auf allen unseren Konzerten gegenüber dem Publikum betonte Selbstbezeichnung „Trash Metal – ohne h!" Gelegentlich gaben wir uns auch als Begründer des „No Metal" aus, in Abgrenzung zum damals modischen Nu Metal.

Unsere ersten Songs, namentlich der dem Wettermoderator Uwe Wesp gewidmete Song „Wesp" oder der die Familienverhältnisse des Temperaturerfinders Anders Celsius thematisierende „Celsius' Sons" sowie der schlüpfrige Stampfer „Breasts of Heaven", entstanden wie in einem Rausch, was auch dem permanenten Überkonsum hochwertigen Schwarztees geschuldet gewesen sein mag. Im Bad Cannstatter Tonstudio „Landebahn Favoritenpark" nahmen wir die Eigenkompositionen probehalber auf und boten sie im Anschluss an ein Konzert von longjumpmin im Stuttgarter Nordbahnhof-Areal live dar. Es war der erste und letzte Auftritt, den wir im Stehen absolvierten.

2004
Wie der Heavy-Metal-Lieferservice entstand

Das Jahr 2004 begann bedächtig. Neujahrsempfänge, Vernissagen, Spargelpartys, Hochzeitsfeiern, hochkarätige Polit-Events und andere offizielle Anlässe, die dereinst zu unserem Markenzeichen werden sollten, waren noch nicht bereit für Malmzeit. Und Malmzeit war weder bereit für bürgerliche Stuben noch für das große Parkett. Das sollte sich bald ändern. Im März erhielten wir die Anfrage, bei der Geburtstagsfeier des uns schon seit längerem bekannten Comiczeichners Christopher „Piwi" Tauber aufzutreten. Er entwarf später unser Logo mit fliegender Teetasse und Teebeutel im Wind über einem epischen Ozean. Was viele nicht wussten und nicht wissen: Die Bildschöpfung basiert auf der Nationalflagge Kiribatis und hätte uns ein paar Jahre später, als die amerikanischen *Campus Wars* nach Europa geschwappt waren, wohl Vorwürfe wegen *Cultural Appropriation* eingebracht. Andererseits sind *Social Justice Warriors* meist nicht mit den Feinheiten der Flaggenkunde vertraut, weshalb wir das Logo auch heute noch gelegentlich und bislang ohne Proteste als Backdrop bei Konzerten nutzen.

Piwi plante eine eher kleine Veranstaltung im häuslichen Umfeld, also keine klassische Konzertsituation. Da spielte uns unsere ursprüngliche Entscheidung, keinen menschlichen Schlagzeuger in die Band aufzunehmen, in die Karten. So musste weder ein komplettes Schlagzeug in die oberste Etage des Gründerzeithauses im Stuttgarter Osten geschleppt werden noch bestand ein übergroßes Risiko, sich Ärger mit den Nachbarn einzuhandeln. Der Lärm, den wir zu veranstalten planten, würde den Lärm einer üblichen Party von jungen oder jung gebliebenen Erwachsenen nicht übersteigen. Wir hatten vor, über die normale Stereoanlage zu spielen, die dauerhaft in Piwis Wohnzimmer aufgebaut war. Ein günstiges Mischpult für die Hosentasche, das wir bei Herrn Schweizer erworben hatten, sollte uns in die Lage versetzen, unsere überschaubare Anzahl an Signalen zu einer mehr oder weniger wohlklingenden Stereo-Summe zusammen zu mischen. Auch handelsübliche Hi-Fi-Geräte sollten damit klarkommen – so unsere Einschätzung.

Wohnungen in Mietshäusern aus der Gründerzeit sind nicht nur im Stuttgarter Osten unzulänglich akustisch gegeneinander entkoppelt. Wenn also nicht der Musiklärm, überlegten wir auf der Anreise, so könnten doch Hüpfen und Springen auf Dielenböden die Nachbarn auf den Plan rufen. Um unsere Zuschauer also gar nicht erst dazu zu animieren, beschlossen wir, unseren Auftritt im Sitzen zu absolvieren. Es galt, dem Publikum ein gutes und sittsames Vorbild zu geben, anstatt es mit Worten zu belehren und zum Exzessverzicht aufzufordern, während man selbst doch umhersprang.

Man reichte uns Tee, da es sich bereits herumgesprochen hatte, dass die gesamte Band seit jeher diesem gutbürgerlichen Getränk zugetan ist. Außerdem hilft Tee, bei künstlerisch und sportlich anspruchsvollen Musikformen, wie der Metal nun einmal eine ist, die Konzentration hoch zu halten. Durch die äußerlichen Sachzwänge wie auch individuelle Neigungen fügte sich so etwas zusammen, was sich als „Konzept" bezeichnen ließe. Bis zum heutigen Tag sind wir während eines Konzertes nie wieder aufgestanden und haben selten einen Auftritt ohne obligatorische Teeverköstigung gespielt.

Gut abgefüllt legten wir also in Piwis Gemächern los, mit „Demeter Dimension" zum Auftakt, gefolgt vom teils geplant, teils unfreiwillig mehrstimmigen „Breasts of Heaven" sowie „Kiribati". Durch Kommentare wie „Junge, sind die sexy", „Juhu", „Hihi" sowie vereinzeltes Feuerzeugschwenken fühlten wir uns ermutigt, unsere Karriere fortzusetzen.

Abb. 2: Im Stuttgarter Osten wird der Kammermetal geboren.

Die 2004 bereits perfektionierte technische Schlichtheit befähigt uns gestern wie heute, mit lediglich zwei Gepäckstücken pro Metallarbeiter anzureisen: dem Instrumentenkoffer plus einem weiteren Köfferchen mit Kabeln, Bodentretern, Batterien und, je nach Dauer der Konzertreise, Zahnbürste sowie Unterwäsche und etwas Lektüre für die Morgenstunden. So kam es denn geradezu zwangsläufig zur Idee der Gründung eines Heavy-Metal-Lieferservices, der Heavy Metal unkompliziert nach Hause bringt – natürlich auch, um uns von der marktbeherrschenden Konkurrenz (Anthrax, Metallica, Children of Bodom, Dimmu Borgir & Co.) abzugrenzen. Zudem schien uns, dass der klassische Heavy Metal schon immer etwas konservativer war als etwa Punk. Letzterer erhebt sich und geht auf die Straße; Metal beklagt im Hobbykeller unterm Tolkien-inspirierten Wandposter die Schlechtigkeit der Welt. Metal ist im Grunde eine häusliche Musik. Viele Jahre später sollten wir aus dieser Einsicht die

Eigenbezeichnung „Kammermetal" entwickeln. Aber zunächst einmal gefielen wir uns in der Rolle der Nestbeschmutzer, die Metal so klein, alltäglich und profan machten, wie er im Grunde immer schon gewesen war. Piwi gebührt damit der Ehrentitel „Geburtshelfer des Kammermetal".

Nicht zuletzt galt es, Metal wie Pizza in der breiten Bevölkerung zu normalisieren und zu demokratisieren. Pizzaboten stellen keine Ansprüche an die Lieferadresse, sie liefern einfach. So auch wir. Wir erachten dies als eine durch und durch egalitäre Mission. Keine Boxentürme, keine Trucks, keine Amps, keine Lichtanlagen, kein Sicherheitsdienst, keine seitenlangen Technical Rider, keine Atomkraftwerke. Metal soll überall stattfinden können. Immerhin gibt es ja auch überall und in jeder Bevölkerungsschicht Metalfans – vom CSU-wählenden Metzgermeister aus Hochdorf bis zur veganen Yogini von PricewaterhouseCoopers, von queeren Aktivistinx bis zum maskulinen Schrauber aus Berlin-Marzahn. So beschlossen wir denn, fortan als radikal kundenorientierter „Heavy-Metal-Lieferservice" zu wirken. Auf unserer Internetseite wird die Fülle möglicher Lieferorte dezent angedeutet:

- Unternehmensveranstaltungen
- Hochzeiten
- (Kinder-)Geburtstage
- Firmungen
- Partys außer Haus
- Protestkundgebungen
- Verabschiedungen
- Jubiläen
- Richtfeste
- Empfänge
- Ehrungen
- Konfirmationen
- Partys zu Hause
- Picknicks
- Mittagessen (und sonstige)
- Verabredungen
- Beerdigungen
- Vernissagen
- Biennalen
- Triennalen

- Finissagen
- Jahresabschlüsse
- Ausflüge
- Kommunionen
- Preisvergaben
- Schlachtfeste
- Volksfeste
- Erntedankfeiern
- Schiffstaufen
- Exorzismen
- Weihnachtsessen
- Diplomübergaben
- Produktlaunches
- Olympiaden
- Verbrüderungen
- Namenstage
- Spargelpartys
- Unentschieden
- Neueröffnungen
- Vergebungsriten
- Releasepartys
- Krönungen
- Salbungen
- Staatsgründungen
- Prozessionen (profan und sakral)
- Jahrgangsfeiern
- Stapelläufe
- Quadriennalen
- Grundsteinlegungen
- Stallwächterpartys
- After-Work-Partys
- (Welt-)Ausstellungen
- Einweihungen
- Silvesterfeiern
- Überraschungen
- Bar Mitzwas
- Motivationsseminare
- Kirchweihen
- Stammtische
- Scheidungen
- Apéros
- Veteranentreffs
- Geheimtreffen
- Inaugurationen
- Shareholdermeetings
- Erstbesteigungen
- Todestage
- Siege
- Niederlagen
- Niederkünfte
- Wiedereröffnungen
- Vereidigungen
- Duelle
- Abdankungen
- Fahnenzeremonielle
- Waschungen
- Paraden (außer militärisch)
- Klassentreffen
- Festmahle
- Bacchanalien
- Parteitage
- Versöhnungen

- Buchmessen (auch Belletristik)
- Feierliche Enthüllungen
- Gesellige Zusammenkünfte (privat)
- Orgien
- Kundenanlässe
- Tattoo-Conventions
- Polterabende
- Bälle
- Flashmobs
- Symbolische erste Rammschläge
- Martinsgansessen (auch vegetarisch)
- Umzüge aller Art
- Walpurgisfeuer
- Opferzeremonien
- Manga-Conventions
- Slow-Food-Messen
- Einschulungen
- Sommersonnenwendfeiern (Wintersonnenwendfeiern mit Temperaturzuschlag)
- Spatenstiche
- Rituelle Schlachtungen (nicht vegetarisch)
- so halt ...

Es gab noch einen weiteren Grund, weshalb Piwis Geburtstagsfeier als Weichenstellung für den Verlauf der frühen Karriere Malmzeits gelten kann, waren wir doch nicht die einzige Band des Abends. Ebenfalls gebucht worden war Piwis Schwester. Sie nannte sich Preslisa und ihr Konzept bestand darin, auf einem Barhocker sitzend Elvis-Presley-Songs zu spielen, sich selbst mit der Ukulele begleitend. Die Auswahl der Songs entstammte ausschließlich aus Elvis' Filmen. Dazu gab es eine Diaschau. Viele weitere gemeinsame Auftritte sollten folgen.

Es war ein kompaktes Package. Wir hatten noch nicht viele Songs, mussten entsprechend die Ansagen in die Länge ziehen – auch daraus sollte dereinst ein „Konzept" werden – und heizten so die Menge für Preslisa ordentlich an. Die einzige überkommene Fotografie des Konzerts bei Piwi (▶ Abb. 2) zeigt einen gertenschlanken Sumatra Bop mit New-Wave-Frisur, während sich Earl Grey, der damals intensives Bodybuilding betrieb, offensichtlich in einer Masseaufbauphase befand und förmlich sein XXL-Rollins-Band-T-Shirt sprengte. Sumatra trat bereits stilbewusst im Hemd auf. Wenig später fiel die Entscheidung, künftig ausschließlich in Anzügen vors Publikum zu treten. Standardisierte Metal-Kostümierungen à la Amon Amarth kamen uns schon damals unnötig vor.

Weil wir uns auf *Heavy Metal Or No Metal At All!* konzentrieren wollten, erschien es uns als vermeidbarer Energieaufwand, den Discman, mit dem wir unsere Beats abspielten, selbst zu bedienen. Eine Erweiterung unseres Duos um einen Minijobber – es war die Zeit der Arbeitsmarktreformen unter Kanzler Gerhard „Gas-Gerd" Schröder – schien uns geboten. Deshalb heuerten wir unseren guten Freund Maciek Lubieniecki, den damals in Steinenbronn lebenden einstigen Leiter des Danziger Kosakenchores, als CD-Player-Player an. Auch dies, so meinen wir, dürfte einzigartig in der Musikgeschichte sein. Zumindest sind uns keine weiteren CD-Player-Player bekannt. Macieks Rolle bestand darin, uns zu allen Aufführungen zu begleiten und uns von den Unannehmlichkeiten des Tasten-Drückens zu befreien. Bei Auftritten sollte er fortan mit uns, oft auch zwischen oder mitunter gar über uns auf der Bühne sitzen und vor den Songs die Start-, nach den Songs die Stopptaste drücken. Dazwischen langweilte er sich und brachte sich manchmal etwas zu Lesen mit.

Ansonsten war diese erste Phase von intensiver Probe- und Komponier- sowie Programmierarbeit bestimmt. Wie jede anständige Band wollten wir natürlich auch Studioaufnahmen anfertigen. So verbrachten wir viele Nächte im Studio „Landebahn Favoritenpark" in Bad Cannstatt, das unter einem Sexshop lag, und arbeiteten an einer selbstproduzierten CD, die wir *Kiribati* tauften und 2005 im Eigenverlag veröffentlichten (▶ Abb. 3). Ernährt haben wir uns in dieser Zeit ausschließlich vom Gericht Nr. 13 auf der Speisekarte des nahe gelegenen Asia-Imbisses „Hong Kong" in der Bad Cannstatter

Altstadt: Hühnchen mit Reis und Gemüse in Kokossauce. Sonntags gab es manchmal Ente.

Abb. 3: Von der Fachpresse einstimmig verrissen: Malmzeit, Kiribati (EP).

Ähnlich wie die Imbisswirtin mit der Nr. 13 gaben wir uns viel Mühe mit *Kiribati*, allerdings waren die Kritiken in der einschlägigen Metal-Presse vernichtend. Wir nehmen sie hier vorweg, um das ansonsten gedeihliche Jahr 2005 nicht unnötig zu belasten. *Vampster.com* schrieb:

> „Statt fetten Drums dümpelt auf Kiribati lediglich ein Schlagzeugcomputer vor sich hin, während die Gitarren simple Anfängerriffs durch billige Amps jagen. Der Gesang klingt zwar brünftig, aber eben auch nur das. Das Endergebnis kennen unzählige Musiker vom Anhören der ersten eigenen musikalischen Gehversuche in einem hoffentlich schalldicht isolierten Kellerraum. Die Folge ist wie bei einem fettigen Pizzalappen üppiges Bauchweh. Hätten die Jungens mal ähnlich viel Kreativität in die Musik gesteckt wie in die Marketingideen!"

Auf *powermetal.de* hieß es:

> „Es gibt strunzöden Muffelmetal zu hören in einer bemerkenswert beschissenen Soundqualität, so dass man sich wie bei der ersten Bandprobe von Tokio Hotel vorkommt. Auf die einzelnen Songs einzugehen, erspare ich mir an dieser Stelle einfach mal aus Gründen der Fairness. [...] Bleibt eigentlich nur ein gut gemeinter Rat, es doch bitte einfach sein zu lassen und stattdessen ein Comedyprogramm zu erstellen, vielleicht bestelle ich mir das ja dann auch nach Hause. Anspieltipps: Nix!"

Zu einem nur unwesentlich positiveren Urteil kam *bleeding4metal.de*:

> „Hier ist das ganze Drumherum definitiv interessanter als die eigentliche Musik. Das Duo Malmzeit beweist seine Kreativität und Innovationsfreude durch die Erfindung des Heavy Metal Lieferservice und durch ein CD-Cover, das mit seinen knallbunten Farben die an eher düstere Schattierungen gewöhnten Metaler-Augen schockiert. Das ist ja alles ganz witzig, aber in musikalischer Hinsicht ist ‚Kiribati' leider nur knapp über Schülerband-Niveau zu verorten."

Schwer getroffen, entschlossen wir uns, nie wieder Studioarbeit zu leisten und jeden Malmzeit-Auftritt zu einem nicht reproduzierbaren Ereignis des Augenblicks werden zu lassen. Später nannten wir auch das „Konzept". So nahmen wir nicht nur die Klimadebatte, sondern auch, wenngleich eher unfreiwillig, den Performancekunst-Boom des 21. Jahrhunderts und seine Einmaligkeitsversprechen vorweg.

Durch die extrem herunterskalierte Form war es für uns nie notwendig, in der klassischen Konzertumgebung, also Konzerthallen unterschiedlicher Größen, zu spielen. Piwis Geburtstag hatte es uns vor Augen geführt: Wir konnten überall auftreten. Außer vielleicht in klassischen Metal-Clubs, wo die Wahrscheinlichkeit, wegen Verletzung kunstreligiöser Gefühle verprügelt zu werden, zu hoch war. Und wenn wir schon ein fertig gemischtes Stereo-Signal lieferten, warum nicht dieses an eine Antenne anschließen? So kamen wir im Laufe des Jahres zu unserem ersten Radio-Auftritt bei „Bär on Air" im *Freien Radio für Stuttgart*. Moderiert wurde der Abend vom namengebenden Konzeptkünstler Andreas Bär, der in unserer Bandgeschichte noch mehrmals auftauchen wird.

Vermutlich nicht *wegen* sondern *trotz* unseres von diversen technischen Problemen akzentuierten Radio-Debüts folgten bald weitere Gastspiele, zunächst in der Stuttgarter Club- und Kunstszene. Im „schapp – der effektenraum" beispielsweise hatten wir die Ehre, das Veranstaltungskonzept „elektrolog IV" der Popinitiative Stuttgart e. V. mit einer Begegnung von Literatur und Metal fortzuführen. Die Trash-Ikone Daniel Arntz aus dem württembergischen Strohgäu hielt dazu eine Begrüßungsrede an einem Pult aus drei Filzwürfeln. Der Hemminger Autor und Heimkomponist, in dessen Erstlingsfilm *Mord in Baden-Württemberg* Earl Grey ein paar Jahre zuvor den irren Mörder mit dem Sonnenhut gespielt hatte, erläuterte seine Kleinkunst-Philosophie, insbesondere die französisch-marxistische Kleinkunst betreffend, stellte sein grafisches Werk *Interanal-Penetration* vor und verteilte die Satzung seines Kleinkunstvereins, dem unseres Wissens einzig er selbst und vielleicht zwei weitere Hemminger, darunter sehr wahrscheinlich seine Eltern, angehörten. Des Weiteren kündigte er an, drei wichtige Zweige der modernen Kleinkunst zu präsentieren:

1. Literarische Kleinkunst: Ralv Milberg, Jörk [sic!] Scheller und Daniel Arntz verlesen die Texte *Clay Ackermann und die Deutsche Pank*, *DNR* sowie das Comic *Lück die Mück*.
2. Filmische Kleinkunst: Daniel Arntz zeigt seine Filme *Der Pillenjunkie stirbt arbeitslos* und *Der Pillenjunkie prostituiert sich infolge sozialer Repression*. Außerdem stellt er ausgewählte Plastiken und grafische Werke aus seiner Hemminger Werkstatt vor.
3. Musikalische Kleinkunst: Das Metal-Duo Malmzeit tritt auf.

Der Abend verlief auf eine Weise, welche die Zürcher Dadaisten der 1910er-Jahre vor Neid hätte erblassen lassen. Viele Jahre später sollte Malmzeit tatsächlich im einstigen Zentrum der Dada-Bewegung, dem Zürcher „Cabaret Voltaire", aufspielen.

Kleinkunst hin oder her: Mittlerweile war unser Selbstvertrauen so groß, dass wir uns zutrauten, in die weite Welt hinauszugehen. Die ersten Gehversuche führten uns zunächst ins Hessische, unter anderem nach Offenbach, wo wir im „Hafen 2" im Rahmenprogramm der Frankfurter Buchmesse spielten (▶ Abb. 4), sowie nach Frankfurt am Main selbst, wo unser Auftritt im Clubkeller wegen Lärmklagen in der Nachbarschaft abgesagt wurde. Und das, obwohl die Lautstärke bei Malmzeit kundenspezifisch regulierbar ist! Offensichtlich hatte sich das noch nicht genügend herumgesprochen. Wir mussten dringend am Marketing und an unserem Bild in der Öffentlichkeit arbeiten. Das Motto konnte hier nur sein: Von den Großen lernen. Und so bestritt Malmzeit erste Fortbildungsmaßnahmen und besuchte Mario Adorfs Auftritt in der Stuttgarter Liederhalle. In den darauffolgenden Jahren nahmen wir an zahlreichen weiteren Schulungen teil und lernten in Personal Coachings unter anderem bei Lemmy Kilmister, Ruyter Suys, Ice-T, Voivod und Nervosa.

Ein weiteres Auswärtsspiel führte uns ins Kurpfälzische zu einem Engagement im Heidelberger Buchladen „Fun Fiction". Dort wurden wir anlässlich der Veröffentlichung der offiziellen Metallica-Biografie gebucht, um das Ereignis gebührend musikalisch zu untermalen. Das „Fun Fiction" war uns sofort sympathisch, mussten wir doch bei Ankunft einen Teebeutel-Weitwurf-Contest bestreiten. Dazu wurde ein Fenster zum Hinterhof geöffnet, wo schon einige Teebeutel an der gegenüberliegenden Mauer klebten. Das Ergebnis des Contests ist uns entfallen. Es hatte jedenfalls keine Auswirkung auf die Gage oder Spesen. Preise gewonnen haben wir auch nicht.

Abb. 4: Metal goes Bildungsbürgertum: Auftritt im Rahmenprogramm der Frankfurter Buchmesse.

Dies war auch die Zeit, in der wir begannen, mit Pseudonymen zu experimentieren. Wir unterschrieben E-Mails stets mit Fantasienamen wie z. B. Hannes Waver, Constantin Opel, Joey de Ketchup, Biff Bifford, Gunther Tiersch, Peter Schmoll-Tortur, Dragobert Fuck, Jo Bolling, Ernst Hemmingen, Samuel L. Bronkowitz oder Hellmut Battler. Oder eben: Earl Grey und Sumatra Bop. Albern, pubertär? Jaja gewiss! Aber warum nicht? Die Berufsjugend war längst in die Jahre gekommen, nichts sprach gegen Berufspubertät. Und das beste Mittel gegen eine Midlife-Crisis ist immer noch, gar nicht erst die Pubertät zu verlassen.

Eine einmalige Begebenheit in der Geschichte Malmzeits war der Solo-Auftritt von Earl Grey im „Roadhouse" in Schorndorf. Da Sumatra Bop verhindert war, spielte er zuvor die Gitarrenspuren ein und schickte Earl damit in unerschlossenes Malmzeit-Land. Doch ganz alleine war er nicht. Ihm zur Seite stand der mittlerweile bewährte Maciek Lubieniecki. Am 14. Dezember schickte Earl einen E-Mail-Rapport an Sumatra:

> „Schorndorf hat Malmzeit bei gutem Besucherzuspruch sehr positiv aufgenommen und Zimtsterne auf die Bühne gebracht. Die Werbeprospekte gingen allesamt weg wie warme Semmelbrötchen. [...] Habe dich offiziell entschuldigt und statt Pappfigur den Maciek auf die Bühne gesetzt. Er las ununterbrochen in der Metallica-Biographie und blickte gelangweilt drein. Insofern: Wir sind beide, wie schon im großen Jackpot-Baby-Interview bemerkt, vollkommen ersetzbar. Der Maciek hätte auch alleine mit seinem CD-Spieler auftreten können."

Leider führen nicht alle Anfragen auch tatsächlich zu einem Auftritt. Wir zitieren hier eine E-Mail von Earl, nachdem er zuvor an Verhandlungen mit der Kunstakademie Stuttgart gescheitert war:

> „Die kunstaka wollte uns für heute als Nikolaus-Party-Band haben. Ich zögerte angesichts der Tatsache, dass wir ja schon eine Buchung vorliegen haben, meinte, ich müsse dich kontaktieren, und wenn, dann erst ab halb 12, so als Midnight-Special. [...] Doch ein paar Minuten später riefen die Aka-Nasen wieder an und meinten, nun sei ihnen aufgefallen, dass das zu hart ist für die Künstler."

Das Jahr endete dann standesgemäß – verglichen mit allen anderen unserer bisherigen Gastspiele mit einem Auftritt, bei dem das Publikum am ehesten als „Metaller" bezeichnet werden könnte. Es handelte sich um eine Privatfeier bei Stuttgart. Der Gastgeber hieß Matze. Durch eine Sonderregelung, die vermutlich irgendeine Art von Bestandsschutzverordnung zum Inhalt hatte, aber deren juristische Details uns herzlich egal waren, war es Matze gestattet, dauerhaft in einer Wochenendhaussiedlung zu wohnen – ein ideales Party-Areal fernab der Zentralgewalten, das nur über mangelhaft befestigte Waldwege erreichbar war. Die Anreise mit der Bahn war ausgeschlossen. Sumatras VW-Passat musste ganz schön kämpfen, bis wir am Ziel waren.

Wir erinnern uns, wenngleich verschwommen, an eine durch verschwitzte und tanzende Leiber völlig überhitzte Hütte. Zur Erfrischung wurde Long Island Ice Tea gereicht, der mit geeigneten

Gefäßen aus einer Badewanne (!) zu schöpfen war. Entsprechend orgiastisch verlief das Fest, für das einzelne Gäste gar mit Totenkopf-Masken und andere in 80er-Jahre-Thrash-Metal-Montur erschienen waren. (▶ Abb. 5) Selbstverständlich bestanden wir auch hier auf alkoholfreien Tee, denn von Anbeginn war es uns wichtig, unseren Metal möglichst ohne Dignitätseinbußen an unsere Kunden und Auftraggeber auszuliefern.

Abb. 5: Auch Privatfeiern in Gartenhäuschen zählen zum Malmzeit-Angebot.

Mit Auftritten im Stuttgarter „Schocken" und im „Tearoom", heute nicht mehr existenten Konzertlokalitäten, ließen wir das Jahr ausklingen. Unsere Erinnerungen an letzteren Abend sind vollständig verpufft, was beim vollgepackten Tourplan nicht wirklich überrascht. Allerdings belegt eine Fotografie (▶ Abb. 6), dass das Konzert tatsächlich stattgefunden hat: Wir sitzen auf einem Sofa mit Zebramuster vor zwei Tassen Tee, tragen beide Koteletten und legere Hemden. Sumatras Blick ist konzentriert auf den Gitarrenhals gerichtet, Earls Augen hingegen sind ekstatisch gen Decke verdreht.

Vielleicht hatte seine Kindheit im „Heiligen Korntal" doch tiefere Spuren hinterlassen, als er es sich zugestehen wollte?

Abb. 6: Teetrinkende Metaller beim Auftritt im „Tearoom".

Im „Schocken" starteten wir mit der frisch fertig komponierten „Symphony of Distraction" und spielten, beziehungsweise plauderten, ganze 50 Minuten. Bei Piwi waren es nur 18 Minuten gewesen. Es ging also bergauf, das Wachstum verlief exponentiell. Bereits damals bekannte Earl jedoch in einer Ansage:

> „Wir haben viel Freude an der Musik, haben aber auch noch andere Hobbys, schauen also schon, dass es nicht gar zu viel wird mit dem Musikmachen, da denken wir, dass uns das vielleicht auch einschränkt."

Sumatra Bop ersetzte während Earls Ausführungen eine gerissene Gitarrensaite; dann streikte der Verschlussmechanismus einer Teepackung und ließ sich nur mit einem Kung-Fu-Griff öffnen. Clubbetreiber Ralf Bauer verließ nach wenigen Minuten die Show und flüchtete in Richtung der Blubbersounds im Obergeschoss.

Angetan vom Heavy-Metal-Lieferservice zeigte sich hingegen Oliver Stenzel, der am 29. Dezember in den *Stuttgarter Nachrichten* den ersten Artikel über Malmzeit veröffentlichte. Darin würdigte er, dass die Band die Losung des damaligen Bundespräsidenten Horst Köhler beherzige: „Mehr Kreativität wagen!" Auch die „schlanke Unternehmensstruktur" erfuhr lobende Erwähnung. Schon 2005 sollte sie, leider, noch schlanker werden.

2005
Auf Tour in der Comicszene

Nachdem wir unser erstes Konzert im Haushalt eines Comiczeichners gegeben hatten, war eine steile Karriere im Comicmilieu geradezu unausweichlich. Und so kam es auch. Im Januar eröffneten wir eine Präsentation der Comiczeichnerin Naomi Fearn im Stuttgarter Literaturhaus. Das Magazin *Parnass* berichtete in der Ausgabe 2/2005:

> „Es begann mit einer inszenierten Lesung aus Zuckerfisch. Da der Strip in Stuttgart entstand, natürlich ein Heimspiel, und viele Vorbilder der Comicfiguren waren unter den Zuhörern und sogar unter den Sprechern. Der achte Stuhl beherbergte diverse Lautmittel, mit denen auch sonst sprachlosen fearnschen Gestalten Ton verliehen wurde. Ein dickes ‚Respekt' an die Dame am Luftballon – mit nicht versiegen wollender Kraft blies sie eins ums andere Mal den gelben Gummi auf, um das Publikum mit einem Pfeifen zu unterhalten. Die Pause wurde dann recht hart. Speed Core versprachen die Tee trinkenden Malmzeit und röchelten dann stilgerecht Wetterberichte herunter. Licht und Schatten ohne verwischendes Grau – musikalisch versteht sich – und das mit einem ironischen Augenzwinkern."

Ironie? Mit dem Metal, auch dem Trash Metal, war und ist es uns ernst. Aber natürlich kommt „Ironie" von „Iron", wie jeder ernstzunehmende Etymologe weiß.

Im März begaben wir uns auf eine vom Fanzine *Jackpot Baby!* initiierte, große Deutschland-Tournee. Das in der Pressemitteilung sich bescheiden als „vielleicht bezauberndstes Indie-Mag für Comics und Musik" ausweisende Druckerzeugnis feierte seine „dritte Ausgabe mit einer ausgedehnten und voraussichtlich feuchtfröhlichen Tournee durch die Musikantenstadl der Republik". Und weil es die dritte Ausgabe war, brachen gleich drei Bands auf: Das Lagerfeuergitarre-Gameboy-Duo Pornophonique, die zuckrige Elvis-Filmsongs auf der Ukulele covernde Preslisa und Malmzeit. Sumatra und Earl wurden wie folgt angekündigt:

> „Malmzeit spielen ihren brachialen Trash-Metal ausschließlich sitzend, mit Pressspan-Gitarrensound, Raiffeisen-Stimme und Britney-Spears-Headset-Mikro. Stets trägt das Duo sauber gebügelte Hemden und trinkt zwischen den Songs Darjeeling-Tee aus biologischem Anbau. Dazu Beats vom Band, Texte ausschließlich übers Wetter (oder über Wettermoderatoren) und last but not least der wohl versierteste CD-Player-Player Polens an der Start- und Stopptaste: Maciek Lubieniecki, genannt ‚der polnische Bär'."

So traten wir das Erbe Manowars an, die Comic und Metal schon Anfang der 80er-Jahre mit wuchtigen Hammerschlägen verflanscht hatten.

Vom Stuttgarter „Schaufenster Mitte" ging es zunächst in den Frankfurter „Dreikönigskeller". Die anschließende Übernachtung und Verköstigung erfolgte im Darmstädter „Eichbaumtresen", einer Schnitzelmanufaktur im Besitz der Familie Felix Heusers, der bei Pornophonique so virtuos wie stoisch den Gameboy bedient. Er und Kai Richter (Gesang und Gitarre) wurden zu unseren guten Freunden und sind bis heute auch eiserne Fans des Heavy-Metal-Lieferservices geblieben. Weitere Stationen der Tour führten uns an so unwahrscheinliche Orte wie das „BDP-Café Babenhausen" und gleich zwei Mal nach Berlin: für ein Konzert im „King Kong Klub" und für eines im „Monte Cruz" – der Erinnerung nach irgendein Vegi-Café mit mäßig interessiertem, leicht anämisch wirkendem Publikum. An letzterem Abend schenkte Sumatra Bop Preslisa im Backstagebereich ein eigens für sie komponiertes Riff.

In Frankfurt starteten wir unüblicherweise mit dem Stakkato-Stampfer „Kiribati", gefolgt von „Celsius' Sons" und einer fast fehlerfreien Version der Superspeed-Schrabbelei „Demeter Dimension" inklusive Scatman-John-Einlagen. Auch die vertrackte Komposition „Winckelsun" strahlte ungewohnt ungebrochen aus den Boxen und wärmte die Herzen der Fans. Im Publikum stand erstmals der amerikanische GI und Irakkriegsveteran Marky. Er sollte in den kommenden Jahren noch das eine oder andere Malmzeit-Konzert in Hessen besuchen und stets aus der Menge heraus mit gereckter Faust „Death Rock!

Death Rock!" brüllen. Nach dem Konzert pflegte sich der Mann mit dem stählernen Bürstenhaarschnitt im zwanglosen Gespräch mit der Band zu ergehen, wobei er wiederholt die Prognose „you'll make millions!" vorbrachte. Sie sollte sich nicht bewahrheiten, auch wenn andere amerikanischstämmige Malmzeit-Gäste später ins selbe Horn stießen. Fairerweise muss gesagt werden, dass Marky seine Prognose an die Bedingung knüpfte, Megadeth-Coversongs ins Programm aufzunehmen. Doch bis zum heutigen Tag geben wir ausschließlich Eigenkompositionen zum Besten.

Gierig griff das Frankfurter Publikum unsere schrillen Werbeprospekte ab, die wir aus Kostengründen und vermutlich auch aus einer gewissen Selbstüberschätzung heraus eigenhändig gestaltet hatten. Nach der Vorlage eines norwegischen Pizza-Lieferservices und unter Einsatz aller in Microsoft Word verfügbaren Schriftarten, Schriftgrößen, Auszeichnungen und Cliparts sowie ausschließlich mit kinderfreundlichen Farben erstellt, ist der bewährte Flyer bis heute in diversen Versionen im Einsatz. Unter anderem wurde er um eine englischsprachige Rückseite ergänzt (▶ Abb. 7). Die ursprüngliche Rückseite war eine exakte Kopie der Vorderseite gewesen. Nicht wenige Kunden suchten wie in einem Finde-den-Unterschied-Bildrätsel stundenlang nach Abweichungen. Heute nutzen wir eine Version mit auf beiden Seiten identischem Text in englischer Sprache.

HEAVY METAL DELIVERY SERVICE

A UNIQUE OFFER FROM THE METAL DUO MALMZEIT!

NEW and HOT! The Heavy Metal Delivery Service brings metal concerts directly to your home!!!!! We play weddings, roofing ceremonies as well as children's birthday parties in any desired sound intensity! Our polite miniature metal band arrives neatly dressed, drinks organic tea and sings only about the most important topic of all time: the WEATHER (mostly bad weather, though). MALMZEIT guarantees you and your family some fantastic and haunting metallic memories!!!

Book now!!!
www.malmzeit.de

Private party matter of negotiation!
Christening matter of negotiation!
Work party matter of negotiation!

WHAT the CLIENTS SAY!!

„I ordered a metal concert for my vernissage and I was transfixed! So cool!“
Clemens Schneider, painter

„MALMZEIT played at my birthday party and I turned 666 years younger! At least!“
Christopher Tauber, author

Abb. 7: Der legendär trashige Flyer des Heavy-Metal-Lieferservices.

Im Café des Bunds Deutscher PfadfinderInnen (BDP), Ortsgruppe Babenhausen, versuchten wir, ein neues Kundensegment zu erschließen, nachdem wir bereits im Sonderheft *Feste feiern* des Stuttgarter Stadtmagazins *Lift* einer breiteren Kundschaft anempfohlen worden waren. Anders als in der Comicszene blieb dieser Versuch jedoch erfolg- und folgenlos. Gut möglich, dass die drei Pfadfinderprinzipien – die Verpflichtung gegenüber Gott, gegenüber Dritten und gegenüber sich selbst – nicht in Einklang mit den drei Malmzeit-Prinzipien zu bringen waren: die Verpflichtung gegenüber Metal, gegenüber der Kundschaft und gegenüber dem (schlechten) Wetter.

Im „King Kong Klub" wäre es fast nicht zur Aufführung gekommen. Mit den Worten, er müsse noch kurz Klopapier holen gehen, verließ Tontechniker Konrad während des Aufbaus den Klub, um erst nach dem geplanten Beginn des Konzerts zurückzukehren, das folglich noch nicht hatte beginnen können – eine Szene, die sich im Folgejahr im selben Klub fast genau so wiederholen sollte. Hektisch wurde nach seiner Wiederkehr zusammengestöpselt, was zusammengestöpselt werden musste, woraufhin Malmzeit der Selbstbezeichnung „Trash Metal" einmal mehr gerecht werden konnte.

Dem vom rauen Tourleben und der Tütchentee-Kultur der Clubszene geschwächten Trash-Metal-Duo stellte Noa Jordan, die damals in Berlin lebende Künstlerin und einstige Betreiberin des Ludwigsburger Clubs „Waldhaus", ihre Wohnung im Prenzlauer Berg für Erholungszwecke zur Verfügung. Im „Waldhaus" wurde damals gefühlt jede zweite Liebesbeziehung im Landkreis Ludwigsburg eingegangen und teils direkt körperlich-intim besiegelt, wozu auch der im Club servierte legendäre „Pangalaktische Donnergurgler" beigetragen haben mag: Pfefferminzlikör, Captain Morgan 73 %, Baileys. „Danach viel Wasser trinken!", wie die Chefin ihren Kunden mit auf den Weg zu geben pflegte. Auch Noa Jordan ist Malmzeit bis heute verbunden.

Ein Special Gig brachte die Tour danach ins Tennisheim Gelnhausen, wo Christopher „Piwi" Tauber wieder einmal seinen Geburtstag feierte. Malmzeit spielte auf einer Eckbank sitzend vor einem eindrücklichen Fotoarrangement, das die Helden der Gelnhausener Tennisgeschichte präsentierte (▶ Abb. 8). Preslisa sang die Chöre von „Symphony of Distraction" mit, Malmzeits bislang ambitioniertestem Werk, Maciek drückte verlässlich die Tasten. Viele Jahre später sollte Earl mit seinem Regressive-Rock-Duo The Silver Ants einen Song namens „We Don't Play Tennis" schreiben: „We don't play tennis / We play Rock 'n' Roll." Aber das ist eine andere Geschichte.

Abb. 8: Auftritt mit Preslisa im Tennisheim Gelnhausen.

Weitere Auftritte fürs Kuriositätenkabinett führten uns in diesem Jahr unter anderem in den ille- oder halblegalen Jenaenser Club „Möwe", wo wir mit dem niederländischen Grindcore-Duo Sugar Coated Mind Bombs in einer Halfpipe spielten und nach einer kurzen Nacht auf Gammelsofas wieder direkt in den Zug gen Süden stiegen, sowie in die berüchtigte Stuttgarter Disco „Boa" (*Disco*, nicht Club!). Ein Bodybuilder namens Erich, der damals als Filialleiter in Earl Greys Lieblingsfitnesscenter „Move Factory" Stuttgart West wirkte, hatte Malmzeits Flyer entdeckt und – nachdem er vor Lachen fast an seinem Mittagsbrot erstickt wäre („der Fleischbelag muss immer doppelt so dick sein wie die Brotscheiben, merk' dir das!") – das Duo für eine unangekündigte Metal-Einlage während eines regulären Tanzevents gebucht. Die Irritation des schaumpartyerfahrenen Publikums hätte größer kaum sein können. Wir nahmen hinter dem DJ-Pult Platz, stöpselten unsere Instrumente ein und zerstörten die sorgsam aufgebaute Feier- und Paarungslaune binnen Sekunden mit Tea, Trash & Talk. Nach zwei Songs und drei verwirrenden Ansagen wagte sich eine nur notdürftig bekleidete junge Dame vor ans Pult und fragte Sumatra, sich durchaus unzüchtig seiner Ohrmuschel nähernd – wohlgemerkt *während* einer Songdarbietung –, ob man auch etwas von Manowar habe. So begann und endete unsere so kurze wie intensive DJ-Karriere.

Immerhin konnten wir die Auftragseingänge im Osten der Republik verstetigen und spielten im November erneut in der Jenaenser „Möwe", diesmal, auf Barhockern sitzend, im bewährten Trio mit Pornophonique und Preslisa. Da wir bei den Arbeiten an diesem Buch keinerlei Dokumente über den mysteriösen Club im Internet finden konnten, fragen wir uns, ob die Konzerte in Jena tatsächlich stattgefunden haben oder ob wir die letzte Teebestellung doch nicht im Darknet hätten tätigen sollen. Allein, unsere Erinnerungen sind doch recht konkret, detailliert und lebendig, auch was die Übernachtung auf einem Bauernhof außerhalb der Stadt in einem großzügig geschnittenen Apartment mit freistehender Badewanne betrifft. Aus forensischer Perspektive können wir uns also durchaus vertrauen. Nur der Name unseres beidmaligen Gastgebers ist uns entfallen. Earl Grey ist sich sicher, dass er im Speiseeisgeschäft tätig

war. Sumatras Erinnerung zufolge lebten auch ein Totengräber und ein Chirurg auf dem Gehöft. Wenn ihr das lest: Bitte meldet Euch!

Fast gestorben wären wir im Dezember, als uns in der Berliner Galerie „Scherer 8" deren Betreiber Helge Neidhardt einen Schwarztee aus der Hölle servierte. Offenbar war es das, was die Galerie unter ihrem Motto „radikales Entertainment" verstand. In Ermangelung vertiefter Zubereitungskenntnisse kippte der gute Mann einfach eine ganze Packung Assam (oder war es Darjeeling aus dem Hochmoor?) in seine Kaffeemaschine. Heraus tropfte, nein bröckelte eine zähe, nicht tee-, sondern eher teerartige Brühe, die man präziser Brühwürfel nennen müsste. Wenn etwas *heavy* und *hard* war an diesem Abend, dann weniger die Musik als vielmehr der sinistre Sud in der Bühnenbetassung. Der Koffeingehalt von Helges Kreation war so hoch, dass wir beim Konzert inmitten obskurer Plüschkunstwerke konsequent schneller als unsere Beats vom Band spielten. Nach erfolgreicher Herunterrockung des Programms gegen alle Gesetze der Physik waren wir so wach, dass wir direkt weiterzogen ins hippe „White Trash Fast Food". Nach Mitternacht spielten wir ebendort vor einem szenigen Publikum mit teils intellektuellen, teils gastronomischen Neigungen (▶ Abb. 9). Erstere Neigungsgruppe ließ sich von Sumatra über die richtige Schrubbtechnik beraten und fragte Earl, ob er denn, O-Ton, „einen Synthesizer auf der Stimme" habe oder ob das „echt" sei. Stoisch verfolgte CD-Player-Player Maciek das Geschehen vom Bühnenrand.

Apropos CD-Player-Player: Das Jahr 2005 brachte auch große Trauer. Maciek hatte sich entschlossen, in seine Heimat Polen zurückzukehren. Wer die Malmzeit-Internetseite besuchte, dem poppte in diesen dunklen Tagen eine Traueranzeige entgegen:

„malmzeit trauert. maciek lubieniecki, der langjährige cd-player-player des heavy-metal-lieferservices, ist von uns gegangen, genauer gesagt zurück in seine polnische heimat, wo eine neue papst-stelle frei wurde. echte malmzeit-fans, insbesondere in hessen, liebten lubieniecki. wie kein zweiter bediente er seit den anfangstagen des no-metal-duos zuverlässig und sensitiv die start- und stop-taste des cd-players und sorgte so für einwandfreie wiedergabe der lebensnotwendigen playback-spuren. auf der bühne war er der ruhende pol(e), unser ying und yang, die ausgleichende gerechtigkeit. wir, sumatra bop und earl grey, werden maciek lubieniecki als großmütigen, zuvorkommenden und bescheidenen menschen in erinnerung behalten, einer, der den metal lebte wie wir, nämlich bedingt, einer, der guten tee schätzte, aber auch büffelgraswodka, einer, mit dem man pferde stehlen konnte, hätte man denn welche benötigt. schon jetzt spüren wir eine schmerzliche leere. er ist nicht ersetzbar. so einer kommt nie wieder."

Abb. 9: Mitternächtliches Konzert im „White Trash Fast Food", Berlin.

Wir sollten recht behalten: So einer kam nie wieder (von zwei Ausnahmen in den Jahren 2018 und 2023 abgesehen). Seitdem sind wir ausschließlich zu zweit unterwegs, abgesehen von gelegentlichen Mikrofon-Halterinnen, wenn Mikroständer fehlten.

Genau dieser Fall trat bei einem Gastspiel in der mittelfränkischen Kleinstadt Zeckern ein, gelegen im bukolischen und für die nationale Selbstversorgung nicht unbedeutenden Karpfenland. Wir waren über das Internet als Geburtstagsüberraschungsgeschenk für einen Manga-Nerd bestellt worden. Im ausgebauten Dachstuhl seines Elternhauses lebte der junge Mann in einem Schlaraffenland neuester Unterhaltungselektronik und umgeben von Comics, in denen sehr viele sehr große Brüste, sehr viele sehr glitschige Körperöffnungen und sehr viele sehr lange Tentakel vorkamen, über deren vielfältige, in ebenso vielfältigen grafischen Details dokumentierte Interaktionsmöglichkeiten wir hier lieber den Mantel des Schweigens breiten wollen. Die Band musste sich einschleichen, während der Jubilar von seinen Eltern im Erdgeschoss mit Spezereien abgelenkt wurde. Selten waren wir so zuvorkommend behandelt worden wie bei diesem Gig, den wir auf der Zockercouch sitzend und über die Stereoanlage spielend absolvierten. So fuhr der Beschenker extra zur Harrods-Filiale am Frankfurter Flughafen, um uns die im *Technical Rider* vermerkte „Packung Kekse" in angemessener Qualität offerieren zu können.

Kurz spielten wir in diesem Jahr mit dem Gedanken, trotz unseres *Kiribati*-Traumas ein Livealbum mit dem Titel *Die fettigen Haare sind vorbei* aufzunehmen, kamen jedoch glücklicherweise davon ab. Auch das Vorhaben, eine Split-EP mit uns selbst zu veröffentlichen, kam über das Pitch-Stadium nicht hinaus (erst 2021 sollten wir uns wieder einem ähnlich gelagerten Projekt widmen). Hingegen setzte Sumatra seinen Plan um, zum ersten Mal seit seiner Kindheit wieder gefütterte Winterschuhe zu erwerben – ein antizyklisches Investment, wie *Fridays for Future* Jahre später zeigen sollten. Auch Earls Entschluss, die Landeshauptstadt zu verlassen, wurde in die Tat umgesetzt. Er zog nach Karlsruhe und quartierte sich im Seitenflügel eines Hotels ein, wo zuvor ein Bordell beheimatet war. Von dort aus pendelte er, wenn er nicht studierte, nach Amsterdam und Stuttgart

– nicht nur für Bandproben, sondern auch um Lemmy Kilmister zu interviewen und sich wichtige Ratschläge geben zu lassen:

> „Das Einzige, was man wirklich braucht im Leben, ist Sinn für Humor. Dann übersteht man alles. In der Politik und in der Religion verstehen die Leute keinen Spaß, aber das sollten sie. Eine Jungfrau wird von einem Geist geschwängert? Und der Ehemann glaubt die Geschichte? Kein Wunder, dass das Kind in einem Stall zur Welt kommt."

Bei einem einmonatigen Aufenthalt in Taiwan wurde Earl auf die dortige Metalszene aufmerksam und erstand ein Album der Black-Metal-Band Chthonic, deren Sänger Freddy Lim er viele Jahre später in der taiwanesischen Hauptstadt Taipeh interviewen sollte. Sumatra Bop reiste indes auf dem Landweg mit dem Zug gen Osten, genauer gesagt mit der transsibirischen Eisenbahn bis nach Peking.

2006
Müllmusik für wenig Kohle

Wenn sich etwas mehr als zwei Mal wiederholt, kann getrost von einer Tradition gesprochen werden. Das Initialevent zum Auftakt einer liebgewonnenen Malmzeit-Tradition fand im Januar 2006 statt. Am Metzgerbach zu Esslingen stand – und steht hoffentlich noch – ein etwas windschiefes Fachwerkhäuschen. Aufgeteilt in verschiedene Wohneinheiten, war es bereits vor der Ankunft Malmzeits guter Brauch, unter den Bewohnern zu Beginn eines jeden Jahres einen Neujahrsempfang zu veranstalten. Das Motto für 2006 lautete „Per Anhalter durch die Galaxis". Alle Besucher waren aufgefordert, ein Handtuch mitzubringen. Die Kleiderordnung schrieb zudem das kleine Schwarze für die Dame, Anzug und Binder für den Herrn vor. Sämtliche Wohnungstüren wurden geöffnet und die jeweiligen Bewohner boten etagenspezifisches Unterhaltungsprogramm an. Der erste Stock sollte in diesem Jahr im Zeichen des Heavy Metal stehen. Unsere Kontaktperson, Jens der Schrebliche [sic!], bewies mit der Malmzeit-Buchung einen erstklassigen Geschmack, der sich auch kulinarisch manifestieren sollte, war Jens doch begeisterter und ambitionierter Anhänger der Kochkunst. Dieser Umstand sollte auch in den Folgejahren für eine gewisse Übersättigung bei unseren Auftritten sorgen, da der jeweils kurz vor Konzertbeginn vertilgte Schweinebauch schwer in unseren eigenen Bäuchen lag. Zum Glück war unser Drummer rein elektronisch und hielt entsprechend stoisch die Geschwindigkeit, sodass unsere Zuhörer hoffentlich keine verdauungsbedingte Trägheit der Gitarristen bemerkten.

Nicht nur aufgrund der Schweinebauchverköstigung, sondern auch wegen der großen Anzahl an Menschen, die in dieses Häuschen strömten, bogen sich die Bodendielen gewaltig. Aus rein baustatischen Erwägungen entschloss man sich, die Veranstaltung künftig in das Esslinger Kulturzentrum „Komma" zu verlegen. Uns war es egal. Solange es Schweinebauch gab, waren wir gerne bereit, das Jahr metallisch zu begrüßen.

Gut gestärkt machten wir uns kurz danach auf den Weg nach Berlin, wo die Versorgungslage erfahrungsgemäß sehr viel prekärer ist. Damals wurde es bei uns im Winter noch kalt, und Berlin war immer ein bisschen kälter als der Rest des Landes. Ein unangenehmer Ostwind pfiff uns um die Nasen, als wir die Volksbühne am Rosa-Luxemburg-Platz betraten. Im „Grünen Salon", wo wir spielen sollten, brannte jedoch ein behagliches Kaminfeuer und der Tee stand auch schon bereit; ebenso Preslisa, mit der wir an diesem Abend konzertierten. Hier, im Zentrum der linken Theaterszene, lernten wir zwei geistesverwandte Musikerkollegen kennen, das Berliner Duo Gitarre & Schrank. Wie der Name andeutet, kombinierten die beiden Minimalisten Gitarrenklänge mit Schrankklängen, die sie durch das Malträtieren des Möbelstücks unter anderem mit Stöcken und Peitschen erzeugten. Aus Aggressivitätsförderungsgründen und „wegen der Symbolik" (Selbstauskunft) schmierten sie den Schrank zusätzlich mit Waffenöl ein. Leider ist es trotz mehrfacher Versuche nie zu einem gemeinsamen Auftritt gekommen und unseres Wissens ist Gitarre & Schrank mittlerweile Geschichte.

Unser schwäbisches Arbeitsethos, das streng auf Effizienz ausgerichtet ist, ließ ohnehin keinen Raum für *Socializing*, und so zogen wir direkt nach dem Auftritt wie schon 2005 weiter ins „White Trash Fast Food". Eine ausgedehnte Berlin-Tournee an einem Abend! Wir konnten mit uns zufrieden sein. Im „White Trash" wurde diesmal der Billard-Tisch mit Brettern abgedeckt, wodurch er zur Bühne wurde. Und während unter uns die Gäste sich daran machten, ihre komplexen Burger-Konfigurationen zu verspeisen, versuchten wir, mit komplexen Kompositionen die passende Untermalung zu liefern. Wir erinnern uns an ein Gespräch mit dem Geschäftsführer nach dem Konzert. Er war Amerikaner, trug einen Cowboyhut und zeigte sich einigermaßen angetan von unserer Show. Wie schon Marky im

Vorjahr prophezeite er uns eine glänzende Zukunft: „You will make millions!" Auch er erwies sich als schlechter Prophet. Ein Typ mit bedeutsamem Brillengestell, das ihn sofort als *Spex*-Leser und Besitzer mehrerer hundert Merve-Bändchen auswies, suchte danach das Gespräch mit Earl Grey. Blitzschnell identifizierte und analysierte der mit allen Wassern der Kritischen Theorie gewaschene Hauptstadtintellektuelle sämtliche Meta-Ebenen unseres Services. Wenn man diese, so riet er dem noch etwas atemlosen Bassisten und Kehlenschinder, nur etwas klarer herauspräparierte und das Ganze etwas stärker an Knarf Rellöm annäherte, könnten wir es in gewissen Indie-Eliten tatsächlich zu etwas bringen. Malmzeit aber ist an externer Beratung nicht interessiert, auch nicht durch Indie-McKinsey. Wir wollen ja nicht so enden wie Ursula von der Leyen.

Berlin sollte nicht der einzige überregionale Ausflug in diesem Jahr werden. Schon im Juni reisten wir wieder in die Hauptstadt, mit Zwischenhalt in Dresden. Im Gegensatz zum gekauften Sommermärchen der zeitgleich ausgetragenen Fußball-WM begann unseres ohne dubiose Zahlungen. Die Heavy-Metal-Bestellung und termingerechte Auslieferung erfolgte im Einklang mit den allgemeinen Geschäftsbedingungen, der Rechtslage und dem gesunden Menschenverstand. Erstkunde war die „Groovestation", ein Treffpunkt der subkulturellen Szene in der Dresdner Neustadt. Die Lokalität war schwer kameraüberwacht. Es müsse jederzeit, so wurde uns berichtet, mit einem Überfall von Neonazis gerechnet werden. Verglichen mit der heutigen Unübersichtlichkeit, erschien die Welt zu dieser Zeit noch relativ einfach gestrickt. Alles hübsch getrennt zwischen rechts und links, wobei alles als links zu verstehen war, was nicht als rechts galt. Und rechts war, so die populäre Imagination, wer Glatze trug und Ausländer oder „linke Zecken" verprügelte. Heute laufen die Nazis rum wie Hipster.

In der Hoffnung, dass irgendjemand die Überwachungsmonitore im Blick hatte, schauten wir vor dem Konzert in andere Monitore, wo per *Public Viewing* das Eröffnungsspiel der Fußball-WM übertragen wurde. Deutschland gewann gegen Costa Rica mit 4 : 2 – und wir nahmen diesen frischen Schwung mit auf die Bühne, wo wir einen sensationellen Auftritt vor sehr überschaubarem Publikum ablieferten. Positiv mit Blick auf unser Prinzip der Ressourcenschonung war, dass wir direkt auf dem „Groove"-Gelände übernachten konnten. Der Band wurde ein komplettes Apartment zur Verfügung gestellt. Wohlbehütet und kameraüberwacht schliefen wir jenen geruhsamen Schlaf, den man schläft, wenn man mit seinem Tagwerk zufrieden ist. Am nächsten Tag ging es weiter nach Berlin.

Auf dieser Mini-Tournee waren wir unerklärlicherweise nicht mit der Eisenbahn unterwegs, sondern mit einem Wagen aus Earl Greys Privatbesitz. Es handelte sich um einen in gebrauchtem Zustand erworbenen knallroten VW Lupo. Das einer Kleinstmetalgruppe angemessene Kleinstgefährt stellte sich immer wieder als Raumwunder heraus, brachte man in ihm doch die gesamte Band, das optional durch zusätzliche Monitorboxen erweiterte Equipment sowie ebenfalls optional eine weitere Begleitperson (etwa einen CD-Player-Player) unter – einschließlich Beinfreiheit für Passagiere im Fond. Die Autobahnen waren frei und das Wetter war schön. So nahm unser kleiner Roadmovie seinen weiteren Lauf. Ziel war erneut die Galerie „Scherer 8" in der Schererstraße 8 im Wedding. Die Erinnerungen an den Abend sind verblasst, womöglich weil Helge diesmal keinen dopingverdächtigen Brühwürfel-Tee(r) servierte.

Im „King Kong Klub" spielten wir einen mittlerweile in Vergessenheit geratenen Song, den monumentalen „Photon Rain". Zum ersten Mal live erprobt hatten wir ihn 2004 im „Schocken". Erst 2020 tauchte in den Archiven Earls ein Minidisc-Mitschnitt der hymnischen Komposition auf, der eine Rekonstruktion ermöglichen würde. Zum gewohnt charmant-niederschwelligen Charakter der Darbietung trug ein Anonymus aus dem Publikum bei, der zum Mitsingen der ihm unvertrauten Lalala-Choräle die Bühne erklomm, zwischen uns auf dem Sofa Platz nahm und Melodien, die dem Song nicht ferner liegen konnten, ins Mikrofon röhrte. Selbstredend startete die Show nicht, bevor der uns inzwischen wohlbekannte Tontechniker Konrad in einschlägigen Geschäften für den täglichen Bedarf ausreichend Nachschub an Klopapier besorgt hatte.

Derweil ging das WM-Geschehen seinen Gang und Deutschland verpasste das Finale. Zum selben Zeitpunkt, als Angela Merkel und Franz Beckenbauer im zwei Kilometer Luftlinie entfernten Stuttgarter Neckarstadion in erster Linie sich selbst feierten, feierten wir den Heavy Metal in den „Wagenhallen" in einem eigenen Heimspiel. Publikum war nur spärlich vorhanden. Zum Trost gab man uns ein paar Maultaschenreste vom Vortags-Abendanlass zu essen. Fußball schien bei allen Gesellschaftsschichten und -gruppen für vier Wochen das Wichtigste zu sein, wie auch die schwierigen Bedingungen auf dem Heimweg zeigten. Eine der Hauptverkehrsstraßen vor dem Stuttgarter Hauptbahnhof war abgesperrt und komplett mit Menschen gefüllt. Gegenüber vom Bahnhof befand sich das Mannschaftshotel. An den Fenstern ließ sich niemand blicken, was die Menschen nicht daran hinderte, sich dort zu ballen, wo nichts passierte – dabei hätten sie sich doch bei uns ballen können, wo immerhin Metal passierte. Mit den Gitarren auf den Rücken und den Köfferchen in den Händen kletterten wir mühsam zwischen den Fans hindurch und über zahllose Bierflaschen hinweg. Bedeutend einfacher wäre es mit Teebeuteln gewesen.

Dann fing auch für Malmzeit der wahre Sommer an. Wir benötigten nach dem anstrengenden Tourleben eine kleine Pause und verbrachten diverse Urlaube, jeweils getrennt voneinander. Im Herbst ging es wieder los. Eine Bewährungsprobe vor authentischem Metal-Publikum galt es im „Demokratischen Zentrum" in Ludwigsburg zu bestehen. Wir mussten uns allerdings eingestehen, dass wir daran scheiterten. Eindeutiges Indiz dafür war, dass sich die zahlreich anwesende Odin-Jugend direkt vor uns auf den Bühnenrand setzte. Allerdings mit dem Rücken zu uns, wie Fotografien belegen (▶ Abb. 10). Einer der blassen jungen Herren trug ein T-Shirt mit dem Aufdruck „Sonne macht albern". Für die restlichen Zuschauer im Raum mag es vielleicht so ausgesehen haben, als würden wir mit vorgelagertem Chor auftreten – schließlich wurde bisweilen gegröhlt –, jedoch war das Signal an uns völlig klar. Weil wir saßen, kein Bier tranken und anständige Klamotten trugen, waren wir in ihren Augen nicht „true". Aber wie jeder weiß: „true" macht albern.

Abb. 10: Echte Metaller wenden Malmzeit den Rücken zu: Konzert im „DemoZ" in Ludwigsburg.

In unseren Erwartungen bestätigt, verließen wir die Szenerie, um uns wieder in unsere gewohnte Umgebung zu begeben, in der sich höchstens heimliche Metaller befanden – also Menschen, die in ihrer Jugend mit Metal sozialisiert worden waren und ihr junges Erwachsenen-Dasein damit verbrachten, diese Phase kleinzureden oder zu leugnen, indem sie sich mit Jazz oder Neuer Musik beschäftigten. Apropos Neue Musik: Der Saxofonist und Performer Mark Lorenz

Kysela organisierte zu dieser Zeit die Veranstaltungsreihe „müllmusik" in einem Nebenraum des Stuttgarter Theaters in der „Rampe", einem idealen Ort für nachlässig aufgeführten Trash Metal zu Zwecken radikalen Entertainments. Hier begab es sich, dass Malmzeit eine rare Unplugged-Einlage bot. Was konkret bedeutete, dass außer dem Klackern der Plektren auf den Gitarrensaiten nichts zu hören war und auch dieses vom Kichern oder von Zwischenfragen des Publikums übertönt wurde. Dem anwesenden Komponisten Neuer Musik und Anhänger der Theorien Adornos, Jan Kopp, der unter anderem für Werke wie „Ode an das Sägemehl (für achtstimmigen gemischten Chor mit Knackfröschen)" verantwortlich ist, bereitete dieser Teil des Konzerts sichtlich die größte Freude. Nach Malmzeit gehörte die Bühne unter anderem den Neumusikanten Anja Füsti, Oliver Prechtl, Martin Schüttler und Thomas Maos. Gastgeber Kysela war zufrieden: „für so wenig kohle, leider, so geile musik und so zu bekommen ist auch nicht immer einfach", kabelte er tags darauf.

Da der Heavy-Metal-Lieferservice stets kundenorientiert, flexibel und effizient arbeitet, zögerten wir nicht, unsere persönlichen Pläne für die Ausgestaltung des Silvesterabends über den Haufen zu werfen und für eine Privatbuchung zuzusagen. Es war eine gediegene Feier im Stuttgarter Westen, beginnende Halbhöhe. Geladen waren etwa zehn Gäste, darunter eine schwarzhaarige Frau, die zu fortgeschrittener Stunde mit respektablem Detailwissen über Scheidenpilze räsonierte. Zwischen Hauptgang und Dessert wünschten sich die Gastgeber Heavy Metal auf der Wohnzimmercouch. Vermutlich waren schon einige alkoholische Getränke im Spiel, was die Anwesenden jegliche Contenance vergessen und ausgelassen tanzen ließ. Wir raten ja generell davon ab, da Tanzen der Konzentration nicht förderlich ist und insbesondere in Altbauwohnungen, wie in den Kapiteln zu den Jahren 2003 und 2005 erwähnt, zu Problemen mit der Baustatik führen kann. Wie zur Bestätigung dieser Erfahrungswerte dauerte es auch nicht lange, bis es an der Tür klingelte. Wir rechneten mit den üblichen Beschwerden und Drohungen mit der

Polizei. Doch nichts dergleichen. Draußen stand ein überaus vornehm gekleideter Herr im Smoking und im feinsten Schuhwerk aus Hochglanzleder. Er wolle nicht stören und sich beschweren schon gar nicht, aber doch höflich anmerken, dass ihm soeben sein Kronleuchter in die Suppe gefallen sei. Silvester der zwei Geschwindigkeiten: Bei uns war es höchste Zeit für den Nachtisch, während man woanders noch bei Suppe saß.

2007
Spargelparty from Hell

Unter den an Merkwürdigkeiten nicht armen Stationen des Heavy-Metal-Lieferservices sticht im Jahre 2007 eine heraus wie ein gewisses Gemüse aus gehäufelter Erde: Zum ersten und bislang einzigen Mal beschallten wir eine private Spargelparty in Karlsruhe, aufgezeichnet und übertragen vom *Deutschlandfunk*, der aus unerklärlichen Gründen auf unser jungmetallisches Unternehmen aufmerksam geworden war. Wir saßen auf dem Sofa, schrubbten und schrien, die Gäste saßen an der festlich gedeckten Tafel und dippten Spargelstängel in Sauce Hollandaise. Im DLF-Beitrag wurden wir als „bekennende Dauerteetrinker" vorgestellt, unsere Songs charakterisierte die Redakteurin als „Eigenkompositionen, die formal an Minimal-Music erinnern, aber doch eine Mischung zwischen Trash und Death Metal sein sollen".

Während andere Metal-Bands bei der auch in der Qualitätspresse geläufigen Falschbezeichnung „Trash Metal" die Hände über dem Kopf zusammenschlagen, können wir, wie schon mehrfach erwähnt, gut damit leben, bezeichnen wir uns doch selbst so. Da uns für das kontinuierliche Training, wie es handwerklich hochstehender Thrash Metal erfordert, die Zeit und auch der Leidenswille fehlt, wir überdies noch anderen Freizeitbeschäftigungen nachgehen (Aquaristik, Gewichtheben, Gemüseanbau), ist Trash Metal im Grunde unausweichlich. Das hat den Vorteil, dass unsere Metal-Aufführungen menschlicher und nahbarer wirken. Bei herkömmlichen Metal-Bands versinkt die Kundschaft in Ehrfurcht ob der handwerklichen und technischen Brillanz. Bei uns hingegen signalisieren sympathische Schludereien und verschmitzte Schnitzer: Hey, wir sind keine Roboter, sondern fehlbare Wesen aus Fleisch und Blut – genau wie ihr! So zumindest haben wir uns das irgendwann zurechtgelegt; in

Stunden des Zweifels schauen wir auf YouTube Lars-Ulrich-Fail-Compilations an, um unser Selbstwertgefühl zu stärken.

Für den Tag nach der Spargelparty hatte uns Gastgeber Bernd Schoch auf das „Hard Beams" Filmfestival eingeladen. Als Veranstalter zeichnete die Filmklasse der Karlsruher Hochschule für Gestaltung verantwortlich, das ehemalige Autohaus Zschernitz an der Durlacher Allee 66 diente als Location. Irgendwann nach 23 Uhr betraten wir die Bühne, um uns sogleich wieder hinzusetzen, und traktierten die Ohren des Kunstpublikums mit ihm offensichtlich ungewohnten und schmerzhaften Klängen. Lord Ax Hopper dokumentierte das Konzert für seine Kultur-BW-Reihe „Lokal Helden".[1]

Ein paar Monate später waren wir wieder in Esslingen, diesmal nicht für ein Neujahrs-, sondern für ein Neusommerevent. Das vom Verein alletagekunst organisierte „Summer Opening Festival" brachte Bands verschiedener Stilrichtungen im Kulturzentrum „Komma" zusammen, darunter Coffee in Duluth und Submarien, die *Stern Online* im Jahr 2008 auf Platz acht der „Stars von morgen" wählen sollte. Beide Bands sind längst verschwunden. Malmzeit ist immer noch da und tourt weiter. Der *Stern* ist leider nicht gesunken.

Bildaufnahmen des Jahres 2007 bezeugen, dass Sumatra Bop in diesem Jahr einen Beatles-Haarschnitt trug, während Earl Grey wie gewohnt mehr Schnitt als Haar zur Schau stellte. Sumatras Kopfgestaltung erweckte das exegetische Interesse eines Reporters der *Kassel-Zeitung*, der uns im Juli anlässlich eines Auftritts im Rahmenprogramm der „documenta 12" interviewte. Ob ein solcher Look nicht eher unüblich sei für die Metalszene; auch erinnere ihn Earl Grey optisch irgendwie an Thomas D. von den Fantastischen Vier, wie das denn möglich sei, ob das denn ginge, und warum und wozu das alles und so weiter und so fort. Wir bemühten uns nach Kräften, den sichtlich irritierten und innerlich destabilisierten Mann zu beruhigen

– in diesem unserem Zeitalter der Toleranz und der Diversität sei es durchaus üblich, dass auch der Metal sich neuen Einflüssen öffne.

Nach Kassel gereist waren wir auf Einladung des Stuttgarter M.C.O.T. – „Motorrad Club ohne Titel" –, um im „Kunsttempel" bei sommerlichen Temperaturen unseren Meteo-Metal darzubieten. Treibende Kraft hinter der Buchung war Konzeptkünstler Andreas Bär, der uns 2004 zu unserem ersten Radio-Auftritt verholfen hatte und bis heute einer der fanatischsten Malmzeit-Fans ist. Wir spielten im Untergeschoss des „Kunsttempels" in einer Raumecke hinter mehr als hüfthohen Buchstabenskulpturen, die das Akronym M.C.O.T. bildeten – stabile Selbstreferenz, dem Metal durchaus nicht unähnlich. Als Bühnenbeleuchtung diente ein einsames Schreibtischlämpchen, was unserem Bestreben, den Metal rigoros zu verhäuslichen, in hohem Maße zuträglich war. Das Publikum verweilte in respektvoller Distanz am anderen Ende des Raumes in Türnähe, was auch an der bestialischen Lautstärke gelegen haben mochte, die wir hier erzielten – auf Kundenwunsch, versteht sich, denn Malmzeit bevormundet die Hörerschaft nicht. Bei herkömmlichen Metalkonzerten haben die Anwesenden keinen Einfluss auf die Lautstärke, wir hingegen reagieren unkompliziert auch während des Konzerts auf Änderungswünsche.

Was war sonst noch in diesem Jahr? Im Sommer beendete Earl sein Studium in Karlsruhe. Den Praxisteil der Prüfung bestand er auf wenig überraschende Weise: mit einem Malmzeit-Konzert. Kurz darauf zog er, der Liebe wegen, nach Bayern um. Sumatra versuchte indes tagelang erfolglos, Dave Mustaine telefonisch zu erreichen. Es handelte sich um irgendeine Aktion des *Metal Hammer*, der die Telefonnummer des Megadeth-Gründers abgedruckt hatte. Unerklärlicherweise war immer belegt.

2008
Metal auf der Manga-Messe

Wenigstens starteten wir gut gesättigt in ein ansonsten ereignisarmes Jahr. Der Schweinebauch, der in der aktuellen Ausgabe des Esslinger Neujahrsempfangs gereicht wurde, lag wieder einmal schwer im Magen und sorgte für eine gewisse Bräsigkeit der Performance. Die Entscheidung einige Jahre zuvor, einfach sitzen zu bleiben, spielte uns ein ums andere Mal in die Karten, zumal die mittlerweile zum festen Teil der Bühnenperformance avancierten Teezeremonie es uns erlaubte, in Echtzeit verdauungsfördernde Aufgussgetränke zu uns zu nehmen – etwa Kräutermischungen mit einer Kombination aus Fenchel, Anis und Kümmel. Auch Kamillentee ist für Bühnenaktivitäten förderlich, verhindert er doch Blähungen, die Mitmusizierende beeinträchtigen könnten. Allerdings muss hier einmal in aller Deutlichkeit gesagt werden, dass es sich bei solchen Getränken nicht um Tee im eigentlichen Sinne handelt. Oft schon haben wir mit unserem Publikum live darüber diskutiert. Hier die Zusammenfassung: Allgemeine Aufgussgetränke aus irgendwelchen Kräutern oder getrockneten Früchten nennt man „Infusion". „Tee" darf sich hingegen nur nennen, was mit den getrockneten und gegebenenfalls fermentierten oder teilfermentierten Blättern der *Camellia Sinensis* aufgegossen wird, also mit einer Pflanzenart der Gattung Camellia aus der Familie der Teestrauchgewächse. Und die Malmzeit-Musiker sind im Grunde eherne, manche munkeln: suchtgefährdete Teetrinker, auch wenn wir live überwiegend zu Infusionen greifen. Denn leider finden die meisten Buchungen nach 17 Uhr statt. Das Koffein wird nicht rechtzeitig abgebaut und wir können nicht schlafen, was unseren strukturierten Tagesablauf empfindlich stört. Der Genuss von aufputschenden Substanzen, die uns nach Auftritten die ganze Nacht durchfeiern ließen – was gibt es eigentlich so viel zu feiern? –, liegt uns so fern, wie im Vorprogramm von Megadeth auftreten zu dürfen.

Dabei ist unser individueller Teegeschmack sehr differenziert. Während Earl Grey koreanischen Sencha von der Insel Jeju – der einzigen subtropischen Region der koreanischen Halbinsel – und japanischen Umami-Sencha von der Insel Yakushima bevorzugt, genießt Sumatra Bop am liebsten Tee der zweiten Ernte der nordindischen Region Darjeeling. Dies mag zunächst etwas banal anmuten, ist jedoch das Ergebnis jahrelanger empirischer Studien und Provenienzforschung. Insbesondere die zwangsverordnete Abgeschiedenheit zu Pandemiezeiten wurde von Sumatra ausgiebig für vergleichende Teestudien genutzt. Das Ergebnis war eindeutig: Ob Kenia oder Sri Lanka, Indonesien oder Kolumbien – die letzte Tasse Tee war immer ein Second Flush aus Darjeeling. Eine weitere Erkenntnis aus Sumatras Studien ist, dass es nicht wirklich eine Rolle spielt, aus welchem Garten der Tee stammt, solange die Region stimmt. Hier besteht durchaus Potenzial für eine Ausdifferenzierung des Geschmackssinns, denn Sumatra ist nicht bereit, dieses doch eher enttäuschende Ergebnis so stehen zu lassen. Earl wiederum bereiste gar eigens Teeplantagen in Taiwan und Japan, um sich vor Ort ein Bild der Anbaubedingungen zu machen, mit Produzenten zu fachsimpeln und sich durch diverse Teeproben zu saufen. In seinem privaten Tagebuch stehen denn auch Aufzeichnungen wie:

> „Teevergleich zur Mittagszeit. Sumatra Oolong Barisan (Indonesien) und China Oolong Golden Turtle Top (Wu Yi Mountains). Jeweils 1 gehäufter Teelöffel auf ca. 250 Ml 80 Grad heißes Wasser, vier Minuten Ziehzeit. Sumatra deutlich heller, grünlicher in der Farbe. Golde [sic!] Turtle dunkler, Tendenz zu Bernstein. Geruch: Sumatra süßlicher, Golden herber, irgendwie auch etwas mediziniger. Die Konsistenz des letzteren scheint mir etwas öliger zu sein, aber da mag ich mich täuschen."

Später im Jahr folgte ein weiterer Ausflug in die Comic- und Videospielszene, was wir der Vermittlung unserer Freunde von Pornophonique zu verdanken hatten. Als Special Guest waren wir zur Manga-Messe „J-Junk Convention" in Groß-Gerau eingeladen. In keiner anderen Szene war unsere Erscheinung exotischer als hier. Weder trugen wir gelbe Perücken, noch spielten wir bauchfrei in engen Tops (Venom sind uns in dieser Hinsicht voraus). Weder malten wir unsere Gesichter blau an noch bedienten wir unsere Instrumente wie geheime Vernichtungswaffen. Zudem sind uns sexuelle Kontakte zu Insekten und Fabelwesen eher fremd. Wir saßen lediglich in normalen Anzügen teetrinkend auf der Bühne und spielten Metal (▶ Abb. 11). Nicht einmal über eine Nebelmaschine oder andere Spezialeffekte verfügten wir. Dennoch geriet die Show zum vollen Erfolg. Anschließend briet man uns Fleischbällchen und servierte Bubble-Tea, den wir der Höflichkeit wegen und auf Folgeaufträge schielend voll des Lobes konsumierten.

Abb. 11: Ekstatische Performance auf der Manga-Messe „J-Junk Convention".

Wenig später führte uns eine Privatbuchung über das Internet erneut ins Hessische. Die Häufung der Aufträge aus diesem Bundesland überraschte uns nicht, hat der Deutsche Wetterdienst doch seinen Sitz im hessischen Offenbach am Main. Die Sensibilität für Wetter- und Klimafragen ist in der Landesbevölkerung tief verankert; mit Bands wie Tankard und Edguy verfügt Hessen zudem über wichtige deutsche Metal-Institutionen. Diesmal ging es jedoch nicht wie 2004 nach Offenbach, sondern nach Frankfurt am Main – bezeichnenderweise handelte es sich bei den Auftraggebern um CO_2-Zertifikate-Händler, die einen Kumpel anlässlich dessen Geburtstags mit einem Inhouse-Metalkonzert überraschen wollten. In einer abgefuckten Altbauwohnung spielten wir auf einem braun-weiß-gestreiften Sofa sitzend, während das Publikum um uns herum stand (▶ Abb. 12). Wir konnten stolz auf unsere demütige Gesinnung sein. Anstatt auf einer Bühne über den Menschen zu thronen, begaben wir uns im doppelten Wortsinne unter sie.

Abb. 12: Inhouse-Metal für CO_2-Zertifikate-Händler in Frankfurt.

Am Ende des Jahres waren wir müde. Müde vom Heavy Metal. Wir wollten etwas anderes machen und beschlossen, es doch mal mit Blues zu versuchen. Das neue Projekt nannten wir Dick Samba Group, inspiriert durch diverse Konzertreisen ins Fränkische. An irgendeiner Autobahn zwischen Nürnberg und Bayreuth hatten wir eine Fabrik der international operierenden Samba Dickie Group passiert, Hersteller des Bobby Cars und damit mutmaßlich einer der größten Autohersteller der Welt. Um die Jahreswende entstanden sogar einige Entwürfe für Songs, einer davon war „Sacred Porn Star" betitelt:

A sacred porn star
Fucks twice as well
He fucks like heaven
He fucks like hell.

Ein anderer handelte von den Taliban:

The Taliban don't dance
No, the Taliban don't dance
Why they don't dance?
Because they don't DANCE!

Nun ja.

Sumatra Bop änderte eigens das Schlagzeug-Preset, um die Sache blueslastiger klingen zu lassen. Das Konzept war jedoch weder schlüssig noch ausgereift, und so landete es in einem weiteren anonymen Unterordner auf der Festplatte, vermutlich mittlerweile nur sehr schwer wieder auffindbar aufgrund unzähliger inkrementeller Backups. Earl Grey wollte die Angebots- und Zielgruppenmaximierung dennoch nicht aufgeben und unterbreitete Sumatra Bop immer wieder zu später Stunde tendenziell wirre Vorschläge per E-Mail:

> „so richtung dillinger escape-plan auf sergeant-pepper-mix im fats navarro-klanggewand, krumme takte und gerade klänge, hölzern und voller spreißel. aber weiter als duo mit neuer drum-software. die erste platte könnte ‚πp' heißen. ‚peak' auf mathematisch. und was hieltest du vom projektnamen HOLZ?"

Zum Glück widersetzte sich Sumatra derlei Ansinnen stoisch. Anstatt musikalisch fremdzugehen, ging er lieber ins Theater und brachte es ebendort, wie eine E-Mail an Earl belegt, im Handumdrehen zu größerem Ruhm als bei Malmzeit:

> „‚Wir brauchen mal drei Freiwillige ...' Du darfst raten, wer einer davon war. [...] Musste zwar nur im Garten sterben aber immerhin scheint es gereicht zu haben, dass ich auf der Straße wiedererkannt werde."

Earl reiste derweil für einen Vortrag über Bodybuilding nach Montreal und organisierte in Stuttgart die Reihe „Ein Musikalisches Quartett", bei der jeweils über ein Thema aus Sicht von U- und E-Musik diskutiert wurde. Heavy Metal war dort nur eine Option unter vielen.

Wer weiß – vielleicht waren gerade dieses kurze Innehalten und der Ausflug in andere Musikrichtungen Motivation und Triebfeder, sich wieder mit voller Kraft auf den Metal zu konzentrieren. Immerhin entstanden kurz danach wichtige Standardwerke der mittleren Phase, beziehungsweise ältere Werke wurden überarbeitet. Die Instrumentale „Sinister" und „Torrent Syndrome" zum Beispiel fallen in diese Zeit. Zwei Songs, die ganz ohne Worte das Wetter auf subtile Weise thematisieren. Auch wurde die Insel Usedom in einem Lied als die Region mit den mutmaßlich meisten Sonnenstunden in ganz Deutschland besungen. Dieser Umstand ist heutzutage wohl nicht mehr dazu geeignet, in Tourismus-Prospekten offensiv beworben zu werden, sucht man doch zunehmend nach den schattigsten Plätzchen Deutschlands. Apropos Schatten: Wir probten damals nicht wie heute ausschließlich im Wohnzimmer, sondern in einem kühlen Kellerraum auf einem historischen Industrieareal am Stuttgarter Nordbahnhof, direkt neben dem UFA-Kino – historisch insofern, als der Gebäudekomplex wie vieles andere in Stuttgart der Umgestaltung des Hauptbahnhofs zum Opfer fiel. Von der Umbaustimmung ließen wir uns jedoch nicht anstecken und setzten unseren kammermetallischen Weg unbeirrt fort.

2009 Anything goes as long as it's heavy

Das Jahr 2009 markiert einen Tiefpunkt in der Geschichte Malmzeits. Besser gesagt, war es nicht einmal ein Tiefpunkt. Es passierte einfach nichts. Durch die zahllosen Buchungen der letzten Jahre waren wir ein wenig selbstgefällig geworden. Immer mal wieder hatten wir erwogen, unser innovatives und unserem Kenntnisstand nach weiterhin weltweit einzigartiges Unternehmen zu professionalisieren. Warum nicht einen Manager oder eine Agentin anheuern? Warum nicht in eine Internetseite investieren, die Besucher anlockt, anstatt sie abzuschrecken wie die jetzige? Warum nicht Initiativbewerbungen an Bosch, Daimler, Porsche & Co. verschicken, um fette Firmenfeiern an Land zu ziehen? Aber dann dachten wir uns, dass es auf die bisherige Weise doch recht erquicklich laufe. Die Dinge gingen ihren Gang. Buchungen trudelten über das Internet und Mundpropaganda ein, bisweilen berichteten die einen oder anderen Medien über uns. Wir waren zufrieden, zumal wir unser Geld anderweitig verdienten und insofern absolute künstlerische Freiheit genossen. Niemand redete uns rein, wir mussten uns an niemanden anpassen und wenn sich irgendwann niemand mehr für uns interessierte, nun, dann wäre das eben so. 2009 kamen wir diesem Zustand ziemlich nahe. Aber Sellout konnte uns niemand vorwerfen!

In diesem ruhigen Jahr überlegten wir, es spaßeshalber mal mit einem Drummer aus Fleisch und Blut zu versuchen. Wir schrieben sogar ein paar Schlagzeuger an. Es war eine dieser blödsinnigen Ideen, auf die man kommt, wenn man in einem Moment der Schwäche dem neoliberalen Es-muss-sich-alle-paar-Monate-was-ändern-sonst-kann-man-nix-Neues-verkaufen-Prinzip nachgibt. Zum Glück war niemand willens oder in der Lage, mit uns zu spielen. So blieb es beim ressourcenschonenden Zwei-Mann-Betrieb.

In Kalenderwoche 3 reisten wir wie eh und je zum Esslinger Neujahrsempfang. Erstmals stand dort ein Beamer zur Verfügung, sodass wir unser Konzert mit Visuals begleiten konnten. Leider ist uns entfallen, was für Bildwerke wir während des Auftritts zeigten. Eine Galerie ikonischer Wettermoderatoren der Öffentlich-Rechtlichen? Best-of-Tornados-Compilations? Romantische Eisenbahnfahrten? Wir wissen es nicht mehr.

Earl begab sich anschließend für Vorträge in die USA und erlebte in Washington D.C. den Obama-Hype leibhaftig mit. Klar, dass bei so viel „Hope" die Enttäuschung ein paar Jahre später groß sein würde. Im Vorjahr war er von Bayern zurück ins Schwäbische gezogen, erneut der Liebe wegen. Nun begann er in Siegen zu arbeiten, setzte also sein rastloses Pendlerleben fort. Schon wenige Monate später wechselte er jedoch in die Schweiz, wo er seitdem beheimatet ist. Von einem Vortrag in Edmonton, Kanada, schrieb er an Sumatra:

> „in nordamerika sind die geisteswissenschaftler immer so überkritisch und problemfixiert, aber das ist nur die andere seite der hyperkommerzialisierung, für mich gehört das zusammen, wie zwei seiten einer medaille. die einen verkaufen ungehemmt, die anderen kritisieren ungehemmt."

In diesem Licht betrachtet, lässt sich die Malmzeit'sche Untätigkeit des Jahres 2009 unter „antikapitalistischer Widerstand" verbuchen. Mit Kritik und Engagement kann Kapitalismus gut. Genügsamkeit und Faulheit aber sind sein Tod.

Da es über das Jahr 2009 weiter nichts zu berichten gibt, soll dieses Kapitel einmal von unseren Songs handeln. Jaja, Musik ist laut Fachpresse Nebensache bei Malmzeit, aber die wichtigste Nebensache! Wie also komponieren wir und was sind das für Kompositionen, die einzig durch Live-Genuss, ein paar Soundschnipsel auf YouTube sowie eine gewisse Coverband, von der noch die Rede sein wird, zugänglich sind?

Im Allgemeinen, und nicht weiter überraschend, entstehen bei uns zuerst die Gitarrenparts, dann kommen die Beats, dann folgen die Texte. Inspiration beziehen wir aus vielen Bereichen des Metal, wobei die klassische Thrash-Phase der 80er-Jahre sicherlich die größte Rolle spielt, ergänzt um einige Anleihen bei Death und Progressive. Hinzu kommen diverse Zufallseinflüsse, die sich in uns verselbstständigt haben und derer sich zu erwehren uns die Energien fehlen. In Verbindung mit unserem mickeymousigen Drumcomputer und unserer kümmerlichen Backline verliert der Thrash-Einfluss seine Monumentalität. Der stählerne Klangwald wird zum todesbleibelasteten Vorgärtchen.

Sumatra Bop ist bei Malmzeit für die schmissig-schnellen, sportlich-thrashigen und emotional mitreißenden Stücke zuständig. Er komponiert nach dem Motto: Wenn schon Metal, dann wenigstens rasant – oder zumindest schräg. So stammen die altbewährten Instrumentale „Torrent Syndrome" und „Sinister" ebenso aus seiner Feder wie jüngere Hochgeschwindigkeitssongs, etwa „Chilling Fields". „Torrent Syndrome" ist formal angelehnt an den klassischen Sonatensatz. Das Hauptthema wird in einer um eine große Terz höheren Tonart wiederholt, bevor die Überleitung in den Seitensatz folgt. In puncto Tempi sind der Hauptsatz sowie die Überleitung in *allegro* ausgeführt, während die Variation in *presto* programmiert ist, was der Instrumentalist ohne adäquates Training für gewöhnlich nicht in der Lage ist, fehlerfrei auszuführen. Siehe unsere Live-Aufführungen. Das Finale bildet, wie es im Metal häufig der Fall ist, ein schwerer Largo-Schlusssatz. Ein kurzer Blick ins Publikum, was auch bei der hohen Geschwindigkeit von „Torrent Syndrome" durchaus möglich ist, offenbart des Öfteren Ansätze von Headbanging – auch bei fachfremden Gästen. Im ersten Teil des Schlusssatzes gibt es für Earl Grey die seltene Gelegenheit, ausgiebig bis ausufernd am Bass zu solieren. Wenn Earl selbst komponiert, entstehen meist langsamere, Power-Metal-lastige Stücke, die etwas verkopfter und zerklüfteter als Sumatras Blitzlieder daherkommen, etwa „Symphony of Distraction", „Winckelsun" und „A Million Cups of Tea and Thunder". Geschulte Ohren erkennen schnell, dass viele seiner Riffs verzerrte Variationen von Passagen aus Schuberts *Impromptus* sind. Aber wir komponieren durchaus auch zusammen; als beide noch in Stuttgart wohnten häufiger als es heutzutage, da wir auf mehrere Länder verteilt sind, der Fall ist (ein paar Jahre später sollte Earl zusätzlich als Gastarbeiter in Polen tätig werden). So ist „Kiribati", mit dem wir in der Frühphase unsere Konzerte zu eröffnen pflegten, ebenso ein Gemeinschaftswerk wie der Klassiker „Wesp". Nicht immer gemeinschaftlich ist die tonale Abstimmung aufeinander. Mitunter kommt es vor, dass der eine ein Riff lieber so, der andere lieber so spielt. Können wir uns nicht einigen, spielt der eine es eben so, der andere so, und beide vertrauen darauf, dass der matschige Live-Sound die Dissonanzen kaschiert oder sie als harmonisch interessant empfunden werden.

Dass wir uns anfangs als „No-Metaller" bezeichneten, liegt auch in unserer Ablehnung gewisser Spleens des Nu Metal begründet. Von tiefergestimmten Gitarren beispielsweise halten wir nichts. Wir nutzen das Standard-Tuning, wie es auch die frühen Metallica und Iron Maiden taten. Nach Meinung Sumatras bewirkt das Herunterstimmen der Saiten lediglich eine etwas streberhaft wirkende Illusion von Heavyness, die sich meist negativ auf Transparenz und Luftigkeit auswirkt. Beginnt man ein Riff hingegen – antizyklisch, entgegen dem Trend – in einer höheren Lage, so harmoniert dies typischerweise sehr gut mit der Frequenzlage der Snare-Drum. Dies sorgt für eine gewisse Frische.

Sumatra Bop neigt dazu, Songs von der A-Saite aus zu entwickeln, Earl Grey geht meist von der E-Saite aus. Was Tonarten, Skalen und dergleichen betrifft, gibt es bei Malmzeit keine Grenzen. „Celsius'

Sons" etwa beinhaltet unter anderem Passagen in e-Moll, eine von G ausgehende Ganztonleiter und einen harmonisch polyamourösen Refrain mit sogenannten „optischen Skalen". Wir haben recherchiert: Nach Dietmar Elfleins *Schwermetallanalysen* (2017)

> „ist die Entwicklung derartiger Skalen möglicherweise weniger einem harmonisch-tonal motivierten Musizieren als vielmehr den materialen Gegebenheiten des Gitarrengriffbretts zu verdanken. [...] Die Entwicklung von Riffs aus der Verschiebung oder Spiegelung des Fingersatzes heraus führt auch zu der Möglichkeit, die entsprechenden Skalen und Riffs als Bewegungen auf dem Griffbrett wahrzunehmen und diese als optische Kompositionsgrundlage zu nehmen."

Als Musiker ohne formale Ausbildung, die sich ihr dilettantisches Wissen über Harmonielehre eigenständig oder in ein paar Gitarrenstunden als Teenager angeeignet haben, pflegen wir einen nonchalanten Umgang mit akademischen Konventionen. *Anything goes as long as it's heavy.*

2010 Sonneninseln und Museumsnächte

Usedom ist die Insel mit statistisch am meisten Sonne in Deutschland. Laut Wikipedia scheint die Sonne an durchschnittlich 1917 Stunden im Jahr. Eine Zahl, die sich als Weiterführung von *1916* interpretieren lässt, dem Titel des 1991 erschienenen, von Lemmys Umzug ins sonnige Los Angeles zeugenden Motörhead-Albums. Das war für uns Motivation genug, diese „Sonneninsel", wie sie vom regionalen Tourismusmarketing gerne genannt wird, in einem Song zu würdigen. Und das, obwohl wir genrekonform Befürworter von schlechtem Wetter sind. Uns gelang es auch nicht immer, die positive Grundstimmung dieses Werks auf der Bühne glaubhaft wiederzugeben. Dies, seine technische Komplexität und die damit verbundenen handwerklichen Herausforderungen, ließen den Song alsbald im Werkarchiv verschwinden. Obwohl es durchaus Fans gibt, vor allem aus der Comic-Szene, die bei Auftritten explizit nach diesem Lied verlangten, konnte uns nach 2010 niemand überreden, den elektrischen Schlagzeuger noch einmal für „Usedom" zu mobilisieren.

Frisch erschaffen jedoch, quasi noch kompositionswarm, intervenierten wir auf Einladung von Noëmi Denzler mit „Usedom" im Namen der Kunst im „Interventionsraum" in Stuttgart. Um das Publikum zu ärgern, hatten die Ausstellungsmacher eine zweite Decke in den Kunstraum eingezogen. Die Kundschaft, sofern nicht von geringem Körperwuchs, musste sich in gebückter Haltung bewegen. Es war wie im 7 ½-ten Stock aus dem Film *Being John Malkovich*. Uns machte es nichts aus, denn wir saßen ohnehin auf einem sehr gemütlichen Sofa. Zudem war die niedrige Raumhöhe der Akustik höchst förderlich, sorgte sie doch für eine umso kompaktere Klangqualität. Die Ausstellung hieß passend zu Malmzeit „I like the weather and the weather wether likes me", was wunderbar mit der Textzeile „whether weather or not" aus unserem Song „Pondering Ponderosa" harmoniert, der von schweizerischen Wetterschmöckern handelt.

Das Konzert fand im Rahmen einer dieser unsäglichen „Langen Nächte" statt, die jede Stadt, die etwas auf sich hält, unter verschiedenen Mottos veranstaltet (Lange Nächte der Museen, Lange Nächte der Literatur, Lange Clubnächte und so weiter). Das Prinzip ist immer dasselbe: Die das Publikum von Event zu Event shuttelnden Busse sind oft überfüllt und so wartet man auf den nächsten oder übernächsten. Irgendwann ist es 23 Uhr und man stellt fest, dass man erst drei Punkte seiner Agenda abgearbeitet und obendrein noch kein Getränk zu sich genommen hat. Völlig dehydriert kippt man dann in aller Eile ein lauwarmes Bier, um zum nächsten Punkt auf der Agenda zu hetzen. Denn das offizielle Ende der Veranstaltung ist zumeist schon um Mitternacht. Die Veranstaltungsorte sind dann zwar noch geöffnet, aber statt des eigentlichen Programms wird der Partygast mit belangloser Housemusik oder Elektro-Jazz abgespeist. Hier konnten wir gegenhalten. Im „Interventionsraum" stand Heavy Metal auf dem Programm – und zwar als offizieller Kunst-Programmpunkt während des Abends und nicht als After-Show-Unterhaltung. Da im Laufe der Veranstaltung das Publikum ständig wechselte, spielten wir einfach die gleichen drei Songs im 30-Minuten-Takt immer und immer wieder. Das war nicht nur sehr effizient. Am späten Abend waren wir auch endlich in der Lage, „Usedom" fehlerfrei darzubieten.

Ach ja, in Esslingen waren wir auch wieder. Metal, Schweinebauch, siehe Vorjahre.

2011
Unplugged unter Strom

Die Intervention im „Interventionsraum" täuschte uns nicht darüber hinweg, dass der zeitgenössische Kunstbetrieb grundsätzlich mit dem Heavy Metal fremdelt. Während Punk immer schon nahe dran war an der Kunst und für progressive, aktivistische Sexyness steht, war und ist der traditionelle Heavy Metal eine Musik für Arbeiter und Nerds, mit denen keine anständige Revolution gegen die Bourgeoisie zu machen ist – Stubenhocker, Fantasy-Leser, einsame Masturbanten unterm Drachenbanner im Ikea-Jugendzimmer. Mitunter aber begibt es sich, dass es der ewig hungrigen Kunstszene nach etwas Neuem gelüstet, das sie sich einverleiben kann. So verhielt es sich im November, als wir an die Kunstakademie Düsseldorf reisten, um dort das mutmaßlich erste Metalkonzert aller hiesigen Akademiezeiten zu geben. Zum Punk hat die Düsseldorfer Akademie, wenig überraschend, tiefe historische Verbindungen, etwa über den ehemaligen Professor Imi Knoebel, dessen Frau Carmen den Punktreff „Ratinger Hof" betrieb, oder über den Meisterschüler und heutigen Kunstmarktstar Markus Oehlen, der früher in der Punk-Band Mittagspause spielte. Nun aber war es Zeit für Metal. Natürlich in gebrochener Form, die man irgendwie als Konzeptkunst interpretieren konnte. So war man auf der sicheren Seite.

Im Vorfeld des Konzerts hielt Earl Grey einen Vortrag über Arnold Schwarzenegger, um die anwesenden Kunststudenten mit den Feinheiten austro-amerikanischer Nachkriegsskulptur vertraut zu machen. Anschließend boten wir unsere Songs dar, die, so unsere Erinnerung, mit einem gewissen Interesse und grundsätzlichem, nicht aber radikalem Wohlwollen zur Kenntnis genommen wurden. Ein grotesk verzerrtes, mit Photo Booth auf dem MacBook mitgeschnittenes Video ist das einzige Relikt der Buchung. Ob diese das Kunstschaffen an der altehrwürdigen Institution nachhaltig verändert hat, ist uns nicht bekannt. Wir haben keine systematischen Vorher-nachher-Vergleiche vorgenommen und irgendwie ist es uns auch egal. Als Motörhead-Adepten leben und arbeiten wir mit Malmzeit nach dem Motto:

We know what we do
We know what we do
We do what we must
And we admire our attitude
Be damned if you can't handle it
We hope you break your neck
Sex & Death („Sex & Death", 1995)

Konzeptuell bedeutsamer als das Düsseldorfer Gastspiel war unser Auftritt in der Stadtbibliothek Ditzingen bei „Ditzingen Unplugged", einem Novum im reichen Kulturleben der schwäbischen Kleinstadt. Die damalige Leiterin der Institution, Beate Meinck, stellte einen formlosen Antrag auf eine Heavy-Metal-Lieferung, dem dann auch prompt entsprochen wurde. Im Publikum standen ein paar mittelalte bis ältere Herren, teils mit Schnauzbärten, einige von ihnen in orangefarbene Signaljacken gewandet. Offenbar waren sie direkt nach Arbeitsschluss in die Stadtbibliothek gekommen, um dort zünftiges Rock-Entertainment zu genießen. Vielleicht stünde gar Whitesnake auf dem Programm? Natürlich wurden ihre Erwartungen enttäuscht, denn zum einen spielten wir keine Classic-Rock-Coverversionen, nach denen ein besonders vorlauter Herr in breitem Schwäbisch hartnäckig verlangte, zum anderen parlierten wir zwischen den Songs derart lange, dass sie Etikettenschwindel witterten: „Jetzt schbiel doch endlich än Song!" Fun Fact am Rande: Da die Stadt Ditzingen als offizieller Veranstalter wie selbstverständlich davon ausging, dass die Band eine Unterkunft benötigte, kamen wir in den Genuss, quasi fußläufig von Sumatras Wohnsitz in einem Hotel zu übernachten. Sumatra erinnert sich nicht an TV-Geräte, die aus Fenstern geflogen wären, was bei einer Logis im Erdgeschoss auch wenig Sinn ergeben hätte.

Das eigentlich Bemerkenswerte, ja Revolutionäre an „Ditzingen Unplugged" war jedoch, dass kaum jemand unplugged spielte. Pornophonique, die wie auch Preslisa erneut mit von der Partie waren, benötigten ebenso Strom wie der Heavy-Metal-Lieferservice. Wir überlegten, ob wir aus Gründen konzeptueller Stringenz im Verlauf der Darbietung den Stecker ziehen und wie einst im Theater in der „Rampe" fast unhörbar konzertieren sollten, fürchteten aber körperliche Übergriffe durch den Signaljackenmob, dessen Aggressionsbereitschaft im Laufe des Konzerts und mit jedem Glas Hefeweizen stieg. Zum Ausgleich für das ausgebliebene Uneingestöpselte komponierte Earl ein paar Wochen später auf seiner Kinder-Akustikgitarre den Song „Gods of the Rain" – ein für Malmzeit-Verhältnisse ungewohnt schmissig-rockiges Stück, das wir nur selten live spielen, um nicht falsche Hoffnungen bei der Classic-Rock-Fraktion zu wecken.

Ein weiteres Highlight des Jahres 2011 war unser Auftritt im Zürcher „Cabaret Voltaire", wo zur Zeit des Ersten Weltkriegs die legendären Veranstaltungen der Dadaisten stattgefunden hatten. Wir waren als Abendunterhaltung zu einer Konferenz über „Eurotrash" gebucht worden. Klar, dass Trash Metal ins Programm *musste* (Scooter wäre ebenfalls möglich gewesen, überstieg jedoch das Budget des Veranstalters). Die Soundanlage stammte wohl noch aus den Tagen der Dada-Szene, zumindest wartete sie mit avantgardistischen Störeffekten auf, die bürgerlichen Kunstgenuss hochwirksam verunmöglichten. Zu diesen Effekten zählte unter anderem eine unabstellbare Laut-Leise-Schwankung, sodass bei den leisen Parts Earls Stimme lauter als das verstärkte Signal war, während bei den lauten Teilen die Trommelfelle der anwesenden Akademiker einem Härtetest unterzogen wurden. Außerdem war die Anlage in Mono; an Stereofonie war zu Dada-Zeiten noch lange nicht zu denken gewesen. Dem sagenumwobenen Ort waren solche Irritationen natürlich angemessen und so waren auch wir zufrieden.

Im Vorfeld des Zürich-Konzerts machte sich im deutschen Teil der Band leichte Verunsicherung breit. Immerhin handelte es sich um unseren ersten Auslandsauftrag. Wie ist das mit Gastspielverträgen? Muss man die Ausrüstung beim Zoll anmelden? Mit welchem Verkehrsmittel reist man am besten an? Da Earl Grey zu dieser Zeit bereits hauptberuflich in der Schweiz weilte und wohnte, schlug sich nur Sumatra Bop mit diesen Fragen herum. Er telefonierte mit verschiedenen Ämtern und Zollstellen in Deutschland und der Schweiz. Bei einem Grenzübertritt mit seiner früheren Band Mitte der 90er-Jahre hatte er bereits schlechte Erfahrungen gemacht. Also wollte er kein Risiko eingehen. Zudem sind Metaller sorgfältige und gewissenhafte Dienstleister.

In nächtelanger Arbeit notierte Sumatra sämtliche Seriennummern und monetären Restwerte der zu verladenden Instrumente, der Geräte und des Zubehörs. Seine Recherchen ergaben, dass man damit vor der Abreise zum Zoll gehen konnte, um eine sogenannte „Nämlichkeitsfeststellung" zu veranlassen. Sumatra gefiel diese monströse Ausgeburt der deutschen Amtssprache sofort. Zwei Substantivierungen in einem Wort. Nominalstil im Quadrat. Das ist nämlich [sic!] schon etwas Besonderes. Wie zur Bestätigung unterstreicht der Texteditor, mit dem diese Worte soeben geschrieben wurden, die Nämlichkeitsfeststellung zornig mit einer roten Schlangenlinie. Dessen ungeachtet freute sich Sumatra auf die Reise zum Zoll. Er verfügte nun über das nötige Vokabular, um mit den Beamten souverän, auf gleicher Augenhöhe, zu kommunizieren.

Sumatra: „Guten Tag, ich möchte eine Nämlichkeitsfeststellung veranlassen."

Zollbeamter: „Gut, dann schauen wir uns die Sache mal an."

Vielleicht sind informationell hochkomprimierte Hauptwortknäuel doch nicht so schlecht. Es bedurfte keiner weiteren Worte und sie gingen hinaus, um die nämlichen Dinge im Kofferraum des Wagens zu inspizieren. Der Amtsmann war von hagerer Gestalt. Die Wangen und die Nase etwas zu rot und mit dem einen oder anderen geplatzten Äderchen verziert. Er machte einige Stichproben, indem er Seriennummern aus der Liste mit den tatsächlich vorhandenen Gegenständen abglich. Schon nach dem dritten Abgleichungsvorgang wurde gestempelt und beglaubigt, gelocht und abgeheftet, kassiert und einen schönen Tag gewünscht. Sumatra kann nur empfehlen, doch einmal eine Nämlichkeitsfeststellung zu veranlassen. Sie hinterlässt ein zutiefst befriedigendes Gefühl, dass man alles dabei und nichts vergessen hat – und dass die Dinge im Kofferraum auch tatsächlich existieren.

Ach ja, in Esslingen waren wir ... Genau. Zudem gaben wir den Fanzines *Fatal Underground* („Pure Musical Sickness since 1998“) und *Extreme Liedermaching* ein Interview. Wie üblich waren wir um grundstürzende und tiefschürfende Einsichten bemüht. So enthüllten wir unter anderem, wovon unser kryptisch betitelter Song „Winckelsun“ handelt:

> „Der Text beinhaltet unser wohl ausgefeiltestes Bildungsangebot an die Fans. Wir vergleichen darin zwei Klimatheorien des 18. Jahrhunderts, die von Johann Joachim Winckelmann und die von Montesquieu. Der erste meinte, die Kultur des antiken Griechenlands habe nur entstehen können, weil der Himmel so schön blau, die Sonne so schön hell und die Wolken so schön weiß waren. Er verquickte also die klimatischen Bedingungen unmittelbar mit dem Geistesleben. Das ausgewogene milde Klima habe die Ausgewogenheit der antiken Kultur erst ermöglicht. Montesquieu war anderer Meinung. Die Kälte des Nordens, so meinte er, hätte dazu geführt, dass sich die Haut der dortigen Menschen zusammengezogen hätte, weshalb weniger Energie hätte entweichen können, sodass mehr für die geistige Arbeit übrig geblieben wäre. Kurzum: Alles großer Quatsch. Und Quatsch gehört in die Kunst, also in den Metal. Dort richtet er weniger Schaden an.“

2012
Metal gegen die Klimakrise

Die „Bessunger Knabenschule" in Darmstadt ist eigentlich keine Schule – und schon gar keine Knabenschule. Unsere Freunde von Pornophonique luden uns trotzdem ein, mit ihnen in diesem für das örtliche Miteinander überaus wichtigen soziokulturellen Zentrum zu gastieren. Und das noch vor dem obligatorischen Neujahrsempfang zu Esslingen nebst Schweinebauch. Die Kompensation war jedoch mehr als adäquat. Wie bereits im Kapitel zum Jahr 2005 bemerkt, ist Felix, der bei Pornophonique den Gameboy bedient, Sohn redlicher Wirtsleute. Diese betrieben den „Eichbaumtresen" zu Darmstadt, ein weit über die Stadtgrenzen hinaus bekanntes Lokal, berühmt für seine variantenreichen, aber allesamt monumentalen Schnitzelkreationen. Die Versorgung mit lebenserhaltenden Proteinen war also sichergestellt. Aber nach dem Auftritt ist vor dem Auftritt. Und nach getaner, routinierter Arbeit kam der Hunger zurück. Es war von Sandwiches die Rede.

Der „Eichbaumtresen" samt Felix' Wohnung und Unterkunft für die Nacht war praktischerweise fußläufig von der „Knabenschule" zu erreichen. Die Entourage begab sich also zu ihm nach Hause, wo wir uns alle in dem offenen Koch-Ess-Bereich jenen typischen Gesprächen hingaben, welche, wenn sie nach zwei Uhr nachts stattfinden, getrost eine weitere Erinnerungslücke bilden dürfen. Erst neulich haben wir erfahren, dass Felix Jahre später eine Ausbildung als Koch der gehobenen Gastronomie begann und mit allerhand Firlefanz und chemischer Unterstützung, bei der unter anderem Stickstoff zum Einsatz kam, unfassbare Kulinarikkunstobjekte erschuf. Um diese nicht zu zerstören, würde man sofort zum profanen Wurstbrot greifen. Als wir gemütlich bei ihm in der Küche saßen, fing er denn auch wie selbstverständlich an, für uns alle Sandwiches auf Brot- und Wurstbasis zuzubereiten. Eine nach dem Konzert spontan mitgekommene Dame meinte alsbald, dass sie wohl etwas falsch verstanden hätte mit den „Sandwiches“. Sie habe zwar keinen Hunger, wohl aber Lust, mit den Bandmitgliedern Dinge anzustellen, über die wir hier aus Gründen des Anstands schweigen wollen.

Viel lieber machten wir uns dran, die uns bereitgestellten Feldbetten aus russischen Armeebeständen aufzubauen. Wir brauchten unseren Schlaf, denn das Leben fahrender Metal-Leute ist anstrengend. Zeit zum Ruhen blieb indes nicht, denn wir mussten zurück, die nächste Lieferung stand an. Sie ging traditionsgemäß nach Esslingen zum Neujahrsempfang inklusive Schweinebauch und lauwarmem Kartoffelsalat.

Nach Erfüllung des Programms und Verdauung des Caterings fuhren wir erneut in die Schweiz, genauer gesagt zu einem Musikfestival, das vom Departement Kunst & Medien an der Zürcher Hochschule der Künste veranstaltet wurde. Die Schweiz ist sehr streng, was Lärmemissionen angeht. So muss auf Konzerten der Grenzwert für den zulässigen Schallpegel penibel eingehalten werden. Auf dem Musikfestival war dies offensichtlich nicht der Fall, weshalb die Polizei anrückte, noch bevor wir unseren Auftritt hatten. Grund waren die tiefen, alles durchdringenden und vor allem sehr, sehr lauten Drones, die ein Solo-Gitarrenkünstler über den Hof des Auftrittsortes wabern ließ. Nachdem sich alles geklärt und verzögert hatte, wurde uns eingeräumt, in einer Garage mit geschlossener Tür bei sehr gedämpfter Lautstärke nachts um eins unseren Auftritt zu absolvieren, was wir auch kundenorientiert taten.

Unser umweltfreundliches Reisen mit geringem CO_2-Ausstoß und nur vier Gepäckstücken, unser bevorzugter Konsum lokaler und saisonaler Produkte – mit Ausnahme von Tee, versteht sich – sowie unsere nachhaltige Kleidungspolitik (Earl trägt noch heute bei Auftritten den Pullunder, in dem er 2004 die Bassspuren zu *Kiribati* einspielte) führt nicht nur zu einem nachweislich kleinen ökologischen

Fußabdruck. Es bescherte uns auch eine Einladung der Schweizer Greenpeace-Zentrale in Zürich, wo wir vermutlich mit reinem Ökostrom eine hausinterne Feier beschallen durften. Auch was meteorologische Themen betrifft, besteht eine gewisse natürliche Nähe zwischen der Aktivistenorganisation und dem Heavy-Metal-Lieferservice. So fand man vor und nach dem Aufritt, der auf Hockern sitzend vor einem Sortiment gleichgültig wirkender Zimmerpflanzen absolviert wurde (▶ Abb. 13), ins Gespräch über den Golfstrom, die kühlende Wirkung von Baumbeständen in Städten und die CO_2-Konzentration in der Atmosphäre.

Abb. 13: Auftritt vor Menschen und Pflanzen bei Greenpeace Zürich.

Damit uns der Ruhm nicht über den Kopf wuchs, wollten wir trotz allem internationalen Jet-Set unsere Homebase nicht vergessen. Und da wir schon seit längerem nicht mehr in Stuttgart gespielt hatten, beschlossen wir, eine ganze Tour durch die Stadt zu organisieren. An drei aufeinanderfolgenden Tagen gastierten wir in einschlägigen Event-Locations. Den Auftakt machten die „Wagenhallen", wo wir die Gelegenheit nutzten, den Auftritt filmisch festzuhalten. Bernd Kiefer und sein Assistent filmten uns mit vier Kameras. Ein aufwändiges Setup, das noch jede Menge Arbeit in der Postproduktion nach sich zog. Die „Wagenhallen" waren ein für unsere Verhältnisse sehr großer Raum, den wir natürlich nicht füllen konnten. Zudem sind erfahrungsgemäß Auftakt-Veranstaltungen von größeren Tourneen eher spärlich besucht. Uns so waren nur wenige Fans vor Ort, was allerdings den Vorteil hatte, dass sich das Kamerateam ungestört um die Bühne herum bewegen konnte. Der entstandene Film ist von professioneller Qualität. Bernd verstand es hervorragend, um die geringe Zuschauermenge herum zu filmen. Das Konzept „Malmzeit" skaliert zwar gut mit der Größe von Auftrittsorten, nichtsdestotrotz funktioniert es wohl am besten in privater, um nicht zu sagen intimer Umgebung. Und so setzten wir unsere Tournee im Kleinformat fort.

Das „Kap Tormentoso" ist ein winziger Club mitten in der Innenstadt. Oben Restaurant, unten Raucherhöhle. In den Sechzigern hätte man so etwas Jazz- oder Beatkeller genannt. Wir gastierten hier in einem attraktiven Dreierpaket mit Prince Valium und Singsong Girl. Prince Valium ist ein hyperaktiver Franzose, der als One-Man-Orchester seine Instrumente auf einem Bügelbrett ausbreitet, mit charmantem Akzent sein Französischsein zelebriert und gegen sämtliche Ungerechtigkeiten dieser Welt ansingt. Er firmiert unter dem schlüssigen Titel „The King of French Powerschlager". Auch ihn kann man buchen. Sein ökologischer Fußabdruck dürfte sich in einem ähnlichen Bereich wie der von Malmzeit bewegen. Hinter Singsong Girl wiederum verbirgt sich die Luxemburger Künstlerin Tamara Kapp. Sie ist nicht nur die einzige Künstlerin, sondern auch der einzige Mensch aus Luxembourg, den wir persönlich kennen. Als Singsong Girl tritt sie an Bass und Gesang zu selbstproduzierten Videoclips auf. Wieder einmal hatten wir mit dieser Konstellation bewiesen, dass uns *Diversity* am Herzen liegt – lange bevor *Diversity* ein Produkt und ein Marketingtool wie jedes andere auch geworden war.

Den Abschluss der Tour bildete ein Auftritt bei unserem lokalen Plattendealer Karl-Heinz Ratzer. Sein Laden befand sich zu dieser Zeit im Leonhardsviertel in unmittelbarer Nähe des Currywurst-Hotspots „Brunnenwirt" sowie der Leonhardstraße, wo das Laster gedeiht und käuflicher Sex feilgeboten wird, quasi das Stuttgarter Rotlichtviertele. Das zeigt, dass Malmzeit sich nicht scheut, sich auch in gefährliche Gegenden zu begeben, wenn es die Auftragslage erfordert. Dieser Wagemut wird mitunter von Fans honoriert. So schrieb uns der selbsterklärte „Burning Headbanger", Künstler, Gestalter und Sänger der Band Cannibal Girls, Alexei Savinov, nach dem Ratzer-Konzert eine begeisterte E-Mail und schickte uns, von Dankbarkeit ergriffen („meine Haare haben lichterloh gebrannt"), zwei Exemplare seiner Siebdruck-Edition *Conan the Barbarian*.

Auch das Magazin *Legacy: The Voice from the Dark Side* würdigte unser Schaffen in diesem Jahr und druckte ein ausführliches Interview. Unter anderem wollte Autor Dominik Irtenkauf wissen, was es „mit euch auf sich habe." Wir bemühten uns, möglichst tiefschürfende und originelle Antworten zu geben, etwa:

> „Jener Metalfan hingegen, der den Metal selbst dann noch liebt, wenn er im Sitzen zu Playbackbeats auf einem Smartphone gespielt wird, von zwei bürgerlichen Anzugsträgern, deren Liedtexte ausschließlich vom Wetter handeln – dieser Fan hat das Geheimnis des Stahls tatsächlich gefunden, nach welchem Conan, der Barbar, weiland vergebens suchte."

Oder:

> „Metal ist eine sehr häusliche Musik, die häufig von anämischen jungen Männern in ihren dunklen Zimmern gehört wird, während sie an ihren Computern sitzen und die Sonne verachten. Also Kammermusik im wörtlichen Sinne sozusagen."

Last but not least gab Earl Grey im *Deutschlandradio* zum Jahresausklang ein Interview über Heavy Metal, in dem die Rede auch auf Malmzeit und „bürgernahen Metal" kam. Wieder einmal hatten wir einen Trend, nämlich den zur Bürgerbeteiligung, wie er 2015 vom Kabinett Kretschmann (benannt nach dem damaligen Ministerpräsidenten Baden-Württembergs) in Gesetzesform gegossen werden sollte, vorweggenommen. Ein paar Jahre später sollten wir Winfried Kretschmann dann anlässlich eines Konzerts persönlich begegnen. Aber gemach.

2013
Bilanz zum Jubiläum: Milestone „Verbürgerlichung" erreicht

Wenn wir richtig gerechnet hatten, wovon wir auch heute noch ausgehen, feierte der Heavy-Metal-Lieferservice 2013 sein zehnjähriges Jubiläum. In diesen unseren schnelllebigen Zeiten, in denen Unternehmen laut Statistik im Schnitt nur neun Jahre alt werden, konnten wir ein wenig stolz auf uns sein. Zwar fehlte uns der raubtierkapitalistische Hunger, um die im 21. Jahrhundert allerorten propagierte und als überlebenswichtig ausgerufene globale Expansion voranzutreiben. Aber was das Verhältnis von Aufwand und Ertrag betrifft, hatten wir aus ökonomischer wie auch künstlerischer Sicht exzellent gewirtschaftet. Kaum Investitionen, kaum Marketingaufwand, keine neuen Produktlinien, keine zielgruppenmaximierende Ausflüge in Reggae, Hip-Hop oder Klassik – und trotzdem waren wir immer noch da, trudelten immer noch Anfragen für Kindergeburtstage, Vernissagen und Stadtfeste ein. Es war uns tatsächlich gelungen, den Heavy Metal genau da hinzubringen, wo er unserer Auffassung nach immer schon hingehört hatte: In die biederen Wohnstuben und sonstigen Kerngebiete der bürgerlich-besitzstandwahrend-wohlstandsverwahrlosten Gesellschaft. Und weil Heavy Metal immer auch Selbstzelebrierung ist, beschlossen wir, unser Jubiläum gebührend zu feiern. Die Wahl des Veranstaltungsortes fiel auf die Stuttgarter Galerie „Strzelski", benannt nach dem Inhaber Mario Strzelski, der früher den Offspace „schapp – der effektenraum", wo wir 2004 mit Daniel Arntz konzertierten, betrieben hatte. Im Jahr 2013 residierte Strzelski in deutlich bourgeoiserer Form mit einem deutlich kommerzielleren Kunstprogramm am Rotebühlplatz, was unserem Kammermetal nur zupass kommen konnte.

Das Jubiläumskonzert war erfreulich gut besucht, ja die Menschen drängten sich geradezu in den Ausstellungsräumen, was Galerist Strzelski vor lauter Angst um seine Exponate Schweißperlen auf die Stirn trieb. Zum Glück hatten wir den Konzeptkünstler Andreas Bär als Türsteher und Security-Bevollmächtigten engagiert. Schützend stellte er sich zwischen die hohe Kunst und den tobenden Mob. Die Stimmung war ausgelassen, wenn nicht euphorisch, hatten wir doch nicht nur unsere Songs mitgebracht, sondern auch erstmals eine moderne PowerPoint-Präsentation! In unserem innovativen Lichtbildvortrag mit Texteinblendungen ließen wir die Bandhistorie zwischen den Songs Revue passieren und präsentierten nie gesehenes Bildmaterial von unseren bizarren Erlebnissen unter anderem in Karlsruhe, Zürich, Darmstadt, Karlsruhe, Frankfurt, Berlin und diversen Locations im Schwäbischen. Da in zehn Jahren so einiges zusammengekommen war, wurde aus dem Konzert ein mehrstündiger Gala-Abend mit fatalen Konsequenzen für Earls Stimme, die noch mehrere Monate danach ramponiert war. Erneut zeichnete Bernd Kiefer das Konzert auf, diesmal solo und mit etwas abgespeckterem Equipment. Die Finanzkrise lag ja erst wenige Jahre zurück und wir waren bestrebt, nach unserer ersten Video-Investition keine größeren finanziellen Risiken mehr einzugehen.

Zuvor hatte uns ein weiteres Konzert nach Zürich geführt, wo wir anlässlich der Emeritierung des Kunsttheorieprofessors Jörg Huber in der Bar „Stall 6" für Abendunterhaltung sorgten. Das avanciertkulturelle Zürich ist traditionell eine Punk-Stadt. Die Kinder der wilden 80er-Jahre sind heute jedoch größtenteils arrivierte und materiell saturierte Publizisten, Gastronomen, Investoren oder festangestellte Zeitkritiker, weshalb wir fürchteten, dem konzeptuell verfeinerten wie zugleich aktivistisch sozialisierten Geschmack der anwesenden Intelligenzija nicht zu genügen. Aber auch hier erwies es sich, dass sich unsere Darbietung, ähnlich wie an der Düsseldorfer Kunstakademie, problemlos als Konzeptmetal interpretieren und damit als politisch korrekt einstufen ließ. Der Geehrte jedenfalls war glücklich, und so waren wir es auch – zumal wir an diesem Abend unter der bislang schönsten Stehlampe unserer Karriere spielten (▶ Abb. 14).

Abb. 14: Gastspiel mit monumentaler Stehlampe im „Stall 6", Zürich.

Ach ja, in Esslingen waren wir natürlich auch. Earl begrüßte das Publikum zum „gefühlten 666. Mal Malmzeit beim Neujahrsempfang". Um etwas Abwechslung in die Sache zu bringen, starteten wir statt wie üblich mit „Albatros 747" mit „Amplify the Sky": „Higher! Skyer! Amplifier!" Erstmals spielten wir zudem das rockig-optimistische „Gods of the Rain" live – schon 2011 komponiert, aber erst an diesem Nachmittag bei einem Tässchen Nana-Minze fertiggestellt, leidlich einstudiert, räudig performt: „Happiness is a hot gun / So keep your powder dry." Als fulminantes Finale inklusive epischer Soli diente „Torrent Syndrome" mit dem in Kapitel 2009 beschriebenen schweren Largo-Schlusssatz.

2014
Unter Hausbesetzern und Kunstfreunden

Ist man schon international, wenn man in einem anderen Land spielt? In der Schweiz zu spielen, entwickelte sich zur Gewohnheit. Für Earl war es ohnehin nichts Besonderes, da er schon vor geraumer Zeit seinen Lebensmittelpunkt erst nach Zürich und dann nach Bern verlagert hatte. Die Aufmerksamkeit, die Malmzeit in den Medien erhält, ist traditionell bescheiden, da wir weder Alben veröffentlichen, Energien in PR-Arbeit stecken noch über professionelles Management verfügen. Zudem finden viele unserer Konzerte unterhalb des Radars der Öffentlichkeit statt. Wer also etwas von uns will, muss sich bei uns melden. So funktioniert unser Marketing primär auf Basis von Mundpropaganda. Das bringt es mit sich, dass man so lange immer in derselben Stadt oder Gegend spielt, bis diese Stadt leer gespielt ist, sprich: bis die Leute einander nicht mehr erzählen, wie geil das doch war bei Malmzeit. Danach muss man sich ein neues Absatzgebiet suchen. Ein erster Auftritt wirkt oft wie ein Kondensationskeim für weitere Anfragen. Und da der Mensch dazu neigt, die wichtigen Dinge schnell wieder zu vergessen, und nur belanglose Begebenheiten im Langzeitgedächtnis speichert (das Erste Mal, verlorene Stofftiere), vergisst er auch Malmzeit nach kurzer Zeit wieder – schon kann das Spiel von Neuem beginnen.

So ist zu erklären, dass wir Phasen hatten, in denen wir abwechselnd mehrmals hintereinander in Stuttgart oder Zürich spielten und dann längere Zeit nicht mehr. Sumatra Bop erinnert sich noch gut an den 13. Juli 2014. Es war der Tag des Endspiels der Fußball-WM. Nicht, dass er und Earl Grey fanatische Fußball-Fans wären – im Gegenteil. Bei den großen Turnieren gelang es Teilen der Band jedoch nicht, sich der allgemeinen Hysterie zu entziehen. Man mag das für eine

Schwäche halten, es macht Malmzeit jedoch auch menschlich und zeigt, dass in dieser ansonsten radikal rational organisierten Konstellation durchaus Raum für Emotionen bleibt. Wie dem auch sei: Kurz nachdem klar geworden war, dass Deutschland das Endspiel erreichen würde, erhielten wir eine weitere Anfrage aus Zürich. Unsere strikt kundenorientierte Unternehmenspolitik ließ uns keine Sekunde lang in Erwägung ziehen, den Auftrag abzulehnen. Der Auftritt sollte am Sonntagnachmittag im Labitzke-Areal stattfinden. Dabei handelt es sich um den ehemaligen Produktionsstandort der Labitzke Farben AG an der Hohlstraße, der von Aktivisten und Aktivistinnen, AktivistInnen, Aktivist_innen, Aktivist:innen, Aktivist/innen, Aktivist*innen und Aktivierenden der – in Zürich äußerst professionell auftretenden – Hausbesetzer-Szene u. a. in einen „Autonomen Beauty Salon" (ABS) umgewandelt worden war.

Sumatra kalkulierte scharf, ob es ihm wohl gelingen könne, zum Endspiel wieder in Stuttgart zu sein. Er prüfte mehrere Optionen mit der Bahn und entschloss sich dann, alle Prinzipien über den Haufen zu werfen und mit dem eigenen Wagen anzureisen. Mit schlechtem Gewissen, aber immerhin rechtzeitig würde es wohl zu schaffen sein, das Finale mit Freunden und Bekannten in der baden-württembergischen Heimat zu schauen. Vorab galt es jedoch, zur Erbauung der Schweizer Gegenkultur beizutragen, was nach einem vegetarischen, mithin gänzlich schweinebauchfreien und entsprechend ungewohnten Catering aus der „Volxküche" auch gelang. Als „Heavy Metal für Anfänger" angekündigt, spielten wir wie üblich auf einem Sofa und konfrontierten das Gender- und Rassismus-Diskussionen gewohnte Publikum mit nachdenklich stimmenden Songs über die deutsche Wettermoderatorin Claudia Kleinert, über die nicht näher spezifizierten „Gods of the Rain" und über die klimakatastrophenbedingten „Skies of the Extreme", die immerhin eine Botschaft der Hoffnung auf die Hörer niederregnen lassen:

Skies of the extreme
A world of sensual Eem
In between the storms
A new eros is born!

Malmzeit ist zwar keine Band des „pointiert linken" Spektrums, wie man in Zürich sagt, aber seit jeher dem anarchischen Streben nach Autonomie wohlgesonnenen. Vor allem aber ist Malmzeit eines: stabil antiautoritär. *No Gods, No Masters* (abgesehen vom „Master of Puppets", den Masters of Reality und den „Gods of the Rain", versteht sich). Vermutlich ist es das, was uns auch bei denen, die noch von der Revolution träumen, salonfähig macht. Persönlich sind wir eher evolutionär veranlagt, denn wer Revolutionen veranstaltet, muss ihre Errungenschaften unmittelbar wahren und verteidigen, also konservativ und reaktionär werden. Siehe 1789. Siehe 1917. Die Revolutionäre von heute sind die besitzstandwahrenden Spießer oder Blockwarte von morgen. Das ist nicht so unser Ding. Die Warnungen des guten alten Anarchisten Gustav Landauer haben wir verinnerlicht:

> „Aber die ungeheure Gefahr ist, dass Schlendrian und Nachahmung sich auch der Revolutionäre bemächtigt und sie zu Philistern des Radikalismus, des tönenden Wortes und der Gewaltgebärde machen; daß sie nicht wissen und nicht wissen wollen; die Umwandlung der Gesellschaft kann nur in Liebe, in Arbeit, im Stillen kommen."

Kaum war der letzte Akkord verklungen, stürmte Sumatra von der Bühne und überließ Earl den Kundendialog, bis Niels Van der wer? – ja, so nennt sich der tatsächlich – mit „Protestschnulzen" übernahm. Bei Sumatras Rückreise durfte keine Zeit verloren werden und so trat er beherzt aufs Gaspedal, nur um an einer Baustelle geblitzt zu werden. Wie jeder weiß, sind die Strafen für Verkehrsdelikte in der Schweiz exorbitant hoch und so befürchtete Sumatra, bereits bei der Ausreise an der Grenze verhaftet zu werden und doch noch das Endspiel zu verpassen. Zum Glück geschah nichts dergleichen. Wie das Spiel ausging, kann in den Chroniken nachgelesen werden. Auf den fälligen Strafzettel wartet Sumatra bis heute. Jedoch kann er sich von Jahr zu Jahr mehr in Sicherheit wiegen, da die berechtigte Hoffnung besteht, dass das Langzeitgedächtnis der Schweizer Verkehrsbehörden lückenhaft ist, sodass dieses Damoklesschwert einfach von der Decke fiel, ohne Sumatra zu töten. Manchmal rettet Schlendrian eben auch Leben.

Kaum eine Woche später stand die nächste Reise nach Zürich an. Diesmal ging es nicht in eine gepimpte Industrie-Brache, sondern in die mondäne Halbhöhenlage. Die Hausbesetzer-Szene in Zürich ist sehr agil. Sobald ein Gebäude länger als einen Tag leer steht, egal ob Fabrik oder Einfamilienhaus, wird es besetzt. Und so sind die Hausbesitzer darauf bedacht, den Hausbesetzern ja keinen Vorwand zu liefern, bei ihnen einzuziehen. Ein skurriler Nebeneffekt davon ist, dass mitunter Studenten für eine für Schweizer Verhältnisse absurd niedrige Miete in edlen Einfamilien-Häusern in sogenannten „besseren Gegenden" wohnen dürfen. Eine bezahlte Besetzung sozusagen, um Besetzungen bei vorübergehendem Leerstand zu verhindern, natürlich einschließlich Kündigungsrecht seitens Besitzer. In einem solchen Haus fand eines schönen Juli-Wochenendes das „Cosmic Cesspit Happening" statt. Auf dem Flyer war zu lesen: „We kindly invite you for two days of suffering joy, enchanted disillusionment, theoretical disasters and peaceful collisions with concerts, performances, art, food, and many other asides."

Kaum eine der Ankündigungen trat ein. Weder konnten wir unserer Leidensfreude frönen, noch wurden wir in irgendeiner Form desillusioniert. Katastrophen gab es auch keine. Enttäuscht waren wir deshalb nicht, erlebten wir doch einen durch und durch vergnüglichen Tag, an dessen Ende wir auf einer schönen, im Garten zurechtgemachten Bühne unseren Heavy Metal abliefern durften (▶ Abb. 15). Einen besonders erwähnenswerten friedlichen Zusammenstoß hatten wir mit Naturjuuz, einer Jodel-Gruppe aus dem Muotatal, wo auch die von uns in „Pondering Ponderosa" besungenen Wetterschmöcker wirken. Wer bei Jodeln an alberne Volksmusiksendungen im öffentlich-rechtlichen Fernsehen denkt, bei denen die Protagonisten, in folkloristische Alpentrachten gekleidet, so viele kehlige Tonsprünge von sich geben wie pro Zeiteinheit möglich, dem sei gesagt, dass es auch eine andere, nachgerade transzendentale Form des Jodelns gibt. Ruhige, lange Töne und mehrstimmige Sätze. Blues-Jodeln sozusagen, nur mit einsamen Bergwiesen statt Baumwollfeldern im gefühlten Hintergrund. Auf solche Weise jodelten die Naturjuuzer zu aller Erbauung. Die Fernseh-Jodelei soll dagegen lediglich Eindruck schinden und demonstrieren, was man mit Stimmbändern alles anstellen kann.

Abb. 15: Ein seltenes Open-Air-Konzert beim „Cosmic Cesspit Happening".

Es war ein heißer Sommer, nicht nur was die Temperatur betrifft. Im Hause Malmzeit war viel los, denn schon kurz nach dem „Cosmic Cesspit Happening" verschlug es uns noch tiefer in den Süden: Es galt, eine Fuhre Heavy Metal in Venedig abzuladen – komplettes Neuland für uns und wohl auch für die Venezianer, ist diese Stadt in musikalischer Hinsicht doch eher durch männlichen Sologesang bekannt, der stehend und auf Gondeln balancierend vorgetragen wird. Unsere Bühne stand im Palazzo Trevisan, wo das Schweizer Konsulat untergebracht ist. Während der Architekturbiennale 2014 eröffnete dort der Salon Suisse als Begleitveranstaltung zur Ausstellung im Schweizer Pavillon. Unter anderem lud man zum Themenabend „Built on Solid Sound" ein. Diskurse über Schwermetall als Komponente von Stahlbeton und als Fundament für real ausgeführte Architektur sollten um eine meta(l)phorische Komponente erweitert werden.

Unterstützt wurden wir an jenem Abend vom Death-Metal-Duo Mark Wehrmann & Malte Struck. Dessen Konzept war folgendes: Für jeden Auftritt ließ sich die Band ein ca. 6 x 5 m großes Tuch schneidern, unter das sie schlüpfte. Bei den Stellen, an denen die beiden Musiker standen, waren Ganzkörper-Kutten einschließlich Kapuzen und Gesichtsmasken aufgenäht. Die gefühlt immergleichen Drumbeats kamen vom Band, der Gitarrist improvisierte dazu und der Sänger brüllte guttural seine Abscheu vor allem im Allgemeinen und vor dem Publikum im Speziellen ins Mikro. Ein Konzept, das schlüssig und hinsichtlich des kompakten Formfaktors Malmzeit nicht unähnlich war. Es wurde an diesem Abend noch lange diskutiert, ob denn Megadeth oder Metallica die wichtigere Band für den Metal gewesen sei. Ein Konsens wurde trotz neutralem Schweizer Konsulatskontext nicht gefunden.

Selbstverständlich nutzte die Malmzeit-Entourage diesen Ausflug zur Weiterbildung in Sachen Architektur und zur Besichtigung touristischer Attraktionen. Auch das ein oder andere Eis wurde verspeist. Die Gage war üppig und so ließen wir es uns nicht nehmen, an prominenter Stelle auf dem Markusplatz eine Tasse Tee für je neun Euro zu genießen (▶ Abb. 16). Der Schwabe in uns ließ uns jedoch auf die Kekse verzichten. Die vom Kellner vorgeschlagene Tee-plus-Keks-Combo wäre summa summarum auf ganze fünfzehn Euro gekommen. Das hielten wir dann doch für zu frech und lehnten dankend ab.

Abb. 16: Während eines Day-Offs: Tee in Venedig.

Ablehnend reagierten auch Earls Gedärme, als sie, wieder auf deutschen Boden zurückgekehrt, Bekanntschaft mit einem Norovirus machten. Kurz vor Beginn des anberaumten Konzerts in der Reihe „Elektrominibarklingelton" in Stuttgart-Bad Cannstatt rebellierte sein Körper und entledigte sich in der Wohnung des Veranstalters erst sämtlicher physischer und kurz darauf auch metaphysischer Inhalte. Der herbeigerufene Notarzt wusste auch nicht so recht und so chauffierte man den delirierenden Earl in Sumatras Behausung, wo er sich in den nächsten Tagen bei Brezeln und Wasser auskurierte. Am Ende des Jahres war er so weit wieder hergestellt, dass sich Malmzeit daran machen konnte, eine neue Tradition zu etablieren: den mit Videotechnik aufgezeichneten „Neujahrsgruß", der seitdem jeweils am Neujahrstag, wenn uns denn danach ist, per mailpostalischem Newsletter versendet wird. Um unseren meteorologisch-metallischen Positionen Nachdruck zu verleihen, holten wir uns dafür Unterstützung von höchster Avantgarde-Rock-Stelle. Kein Geringerer als King Buzzo von den Melvins zeichnete für uns eine Botschaft an die Kundschaft auf und sekundierte darin der seit Beginn unserer Karriere von uns vorgebrachten – und bislang von den

Herrschenden ignorierten – Forderung, die Jahreszeiten müssten abgeschafft werden: „Hello, Heavy Metal Delivery Service audience. You will not miss the seasons if they are not here." Seine Sätze sind diesem Buch als Motto vorangestellt.

2015
Moshen auf Schloss Donzdorf

Warum wir als After-Lectures-Gimmick für eine Konferenz über Curatorial Studies im damals als Kulturzentrum zwischengenutzten Zürcher „Gasthaus zum Bären" gebucht wurden, ist uns entfallen. Fest steht, dass es Dorothee Richter, Earls Kollegin an der Zürcher Hochschule der Künste, war, die uns für einen Auftritt vor einem akademischen Publikum in den altbürgerlichen Räumlichkeiten anwarb. Dieser wurde routiniert absolviert und zeitnah kombiniert, nämlich mit der Beschallung einer Atelierauflösung in der Zürcher Giessereistrasse. Für ein Stück, namentlich „Wesp", begab sich Earls damaliger Zweitbandkollege Beat Grossrieder (The Silver Ants) an die Drums und verlieh dem Song ein ungewohnt rockiges Gepräge. Erneut liebäugelten wir für einen Moment mit der Idee, es mal mit einem Drummer zu versuchen. Aber nur für einen Moment. Zudem hatten wir den Einfall, ein Unplugged-Album aufzunehmen. Beide E-Gitarren sollten unverstärkt über Diktiergeräte eingespielt, die Texte geflüstert, die Beats vom Smartphone-Lautsprecher abgenommen werden. Zum Glück ist auch aus diesem Vorhaben nichts geworden.

Ein drittes Zürich-Konzert führte uns wenig später in die „BOSCH-bar". Dort findet seit Menschengedenken jeweils montags spät in der Nacht eine Konzertreihe statt, die zu ruinieren wir nun die Freude hatten. Ein Kunde schrieb uns danach per E-Mail:

> „Ich war gestern Montag in der Boschbar und habe eure Darbietung sehr genossen. Die Songs zum Wetter, die Inbrunst, das Sofa und der Tee; alles grosse Klasse. Ich selbst spiele in einer Band, die auf ihrem Karma-Pfad sogar noch einen Schritt weiter ist als Malmzeit: Wir machen gar keine Konzerte mehr, müssen uns also nicht mal mehr davor fürchten, uns dereinst mit Rollator auf die Bühne schleppen zu müssen."

Da mussten wir uns tatsächlich geschlagen geben. Diesen Gipfel des Minimalismus hatten wir noch nicht erklommen.

Nach Esslingen reisten wir in diesem Jahr ausnahmsweise nicht zu einem Neujahrs- oder Sommerempfang, sondern zum „Kultursalon Jens Schreblowsky", dessen Namensgeber in den Vorjahren die Empfänge initiiert und (mit-)verantwortet hatte. Diesmal spielten wir in Jens' Wohnzimmer. Langsam begannen uns die Konzerte in Esslingen zu ärgern, begab es sich doch jedes Mal, dass irgendwelche Leute nach unseren Auftritten enthusiasmiert zur Bühne rauschten, vollmundig ankündigten, dass sie uns unbedingt einmal für eine Familienfeier oder Ähnliches buchen wollten, einen Flyer einsteckten, womöglich noch eine unverbindliche E-Mail-Anfrage schickten, nur um dann nie wieder von sich hören zu lassen. So regelmäßig wiederholte sich genau diese Szene, dass wir vermuteten, Esslingen wolle uns durch *Gaslighting* in den Wahnsinn treiben. Doch so einfach waren und sind wir nicht zu brechen. Die Esslinger Verschwörung hat uns nicht in die Knie gezwungen. Stattdessen haben wir ganz einfach aufgehört, in Esslingen zu spielen.

Ungleich erfreulicher, ja ein Höhepunkt unser Karriere war ein weiteres Konzert in Schwaben. Der im schönen Münklingen (Weil der Stadt) lebende Künstler Horst-Peter Schlotter hatte eine Metal-Lieferung für seine Ausstellung auf Schloss Donzdorf am Fuße der Schwäbischen Alb bestellt. Wie im Kapitel zum Jahr 2003 angedeutet, ist Donzdorf ein symbolträchtiger Ort der globalen Metalkultur, befindet sich dort doch das Metallabel Nuclear Blast, seines Zeichens eines der größten der Welt, und erfreut die Bewohner mit sinister sprudelnden Gewerbesteuern. Vermutlich war Schloss Donzdorf deshalb in so gutem Zustand: Die Gewinne aus von Donzdorf aus in alle Welt vertickerten Zombie-Songs, Wikinger-Gimmicks und Nekrophilie-Merchandise subventionieren bürgerlichen Kunst- und Kulturgenuss. Karneval, verkehrte Welt. Angenehm.

Abb. 17: Blick von der Bühne ins Moshpit: Malmzeit-Fans auf Schloss Donzdorf.

Zur Vernissage am späten Vormittag erschien erwartungsgemäß nicht die ortsansässige Metalszene, sondern ein gutbürgerliches Publikum mit Altersschnitt deutlich jenseits der 70 (▶ Abb. 17). Bürgermeister Martin Stölzle eröffnete die Ausstellung wie auch unsere Darbietung im feudalen Roten Saal. Seine Rede handelte vom Wuchern der Regeln in unserer Gesellschaft und dem entsprechenden Wuchern der Versuche, diese Regeln zu unterlaufen. Er selbst schien letzterem nicht grundsätzlich abgeneigt zu sein, als er etwas spöttisch bemerkte, man begehe ja „den lieben langen Tag" kleinere Regelverstöße, „und sei es nur, dass man in der hochgelobten Tempo-30-Zone vielleicht dann doch mit 40 oder 42 fährt". Nebenbei verwies er darauf, dass man sich früher zu dieser Tageszeit „im Gebäude nebenan" (vulgo: Kirche) aufgehalten habe, was ja auch irgendwie etwas über den Wandel der grundlegenden Werte und Regeln verrate. Ein Gast ergänzte, der Kirchgang sei ja für gewöhnlich mit dem Frühschoppen verbunden, insofern ... Es habe seinen Grund, warum dieser traditionell erst *nach* dem Gottesdienst erfolge, entgegnete der Bürgermeister. In jedem Fall wünsche er viel

Freude mit der Ausstellung, aber mehr noch mit der „ungewöhnlichen" Ausstellungseröffnung, „denn ich bin sicher, dass viele, oder die meisten zumindest jetzt auch bisher unbekannte Töne hören werden, deshalb freuen wir uns auf die einführende Musik. Herzlichen Dank und einen schönen Sonntag."

Es wurden Brezeln und Sekt-Orange serviert, die Besucher saßen wie wir auf Stühlen und manche hatten wohl auch keine andere Wahl mehr. Mit Pogo war nicht zu rechnen, was uns durchaus recht war. Die für Metalkonzerte unübliche Aufführungszeit am Vormittag nahmen die Gäste abgeklärt und gelassen hin, wippten während der Darbietung teils gar sachte im Takt und applaudierten eifrig. Paradigmatische Qualitäten hatte diese Szenerie, was die Wahrnehmung des Metal in den altersmilde gewordenen westlichen Demokratien betrifft: Längst hat er seinen Schrecken verloren, Fans wie auch Kritiker sind toleranter geworden. Selbst eine nicht-sitzende, nicht-teetrinkende, nicht-ordentlich gekleidete Metal-Band hätten diese wackeren, liberal gestimmten Senioren wohl freundlich aufgenommen, anstatt fluchtartig den Konzertsaal zu verlassen. Nachdem wir unser Programm absolviert hatten, näherte sich eine Dame der Band und fragte, ob man das, was wir da spielten, eigentlich studieren könne. Danach erfolgte die Verköstigung regionaler Spezialitäten im Beisein Donzdorfer Honoratioren.

Nachdem wir unseren erfolgreichen Einstand bei der schwäbischen Provinzexekutive gegeben hatten, war es nur folgerichtig, auch internationale Regierungen ins Visier zu nehmen. Um ein starkes Zeichen für den europäischen Geist zu setzen, reisten wir im Rahmen unser großspurig annoncierten BEDELUX-Tour (Belgien, Deutschland, Luxemburg) – mit dem Zug, versteht sich – zunächst nach Belgien und konzertierten im Club „Gouvernement", Gent. Der Veranstalter hatte eigens für unseren Auftritt unter dem Motto „Malmzeit (CH) and other bourgeois metal accidents" ein ausgeklügeltes Eventkonzept erarbeitet, das unter anderem ein Black-Metal-Tischtennisturnier beinhaltete. Nach unserer Revue lieferte das Traantjes Duo (Dylan Cion & Michael George) ein DJ-Set voll schwartiger, sentimentaler Power-Balladen. Um unserem Belgien-Debüt die gebotene bildungsbürgerliche Note zu verleihen, begaben wir uns am Folgetag auf baedekerkonforme Sightseeing-Tour und bestaunten unter anderem Jan van Eycks *Genter Altar* – besser gesagt die in der St.-Bavo-Kirche zu sehenden Reproduktionen, da das Fanal altabendländischer Sakralkunst gerade einer Restaurierung unterzogen wurde. Trash-Altar, das passte.

Allein, viel Zeit war nicht. Schon eilten wir weiter in Richtung Luxemburg, wo wir für ein obskuritätensattes Festival im „Konschthaus beim Engel" vorgesehen waren. Da der Zugverkehr in weiten Teilen des Landes streikbedingt zusammenbrach, der Tourplan äußerst eng getaktet war und eine Absage nicht in Frage kam, entschlossen wir uns, mit dem Taxi von Gent nach Liège zu fahren. Von dort, so wurde uns gesagt, bestünde die Möglichkeit, mit dem Zug weiterzureisen. Aus irgendwelchen Gründen war unser sehr gesprächiger marokkanischer Fahrer überzeugt, eine bedeutende Rockband im Auto zu haben. Er würde allen seinen Verwandten, Kindern, Freunden, Bekannten von diesem bedeutsamen Ereignis erzählen, versicherte er mit leuchtendem Blick und fertigte Lichtbilder von uns an. Unsere Versuche, ihm klarzumachen, dass wir nur ein kleinstkünstlerisches Lieferunternehmen seien, fasste er augenzwinkernd als falsche Bescheidenheit auf, als Versuch, inkognito zu bleiben – welche unbedeutende Gruppe reist schon 150 Kilometer mit dem Taxi? Da musste viel Geld dahinter stecken!

Tatsächlich gelang es uns, finanziell ruiniert zwar, das „Konschthaus" rechtzeitig zu erreichen (▶ Abb. 18). Unser Ruf war gerettet. Anwesend waren vornehmlich deutsche Kunstschaffende und Klangerzeugende, die auf Einladung von Tamara Kapp (aka Singsong Girl) zum Kulturexport beitrugen. Unter anderem spielte die Akademische Betriebskapelle der Staatlichen Akademie der Bildenden Künste Stuttgart in frivolen Kostümen der Künstlerin und Querflötistin Justyna Koeke. Wir hingegen verzichteten auf die Zurschaustellung unserer durchaus in Form gehaltenen Körper und trashten, talkten, tranken wie gewohnt in Anzügen, auf armlehnenfreien Stühlen, vor einem Tischchen mit ansehnlichem Teegeschirr. Nach erfolgter Lieferung entsagten wir jeglichen Partyaktivitäten, da wir gleich am Morgen zurück nach Stuttgart, dem DE-Teil der BEDELUX-Tour, mussten. Es galt, das krankheitsbedingt ausgefallene Konzert bei „Elektrominibarklingelton" im „Stromraum", einem Gewölbekeller in Bad Cannstatt, nachzuholen. Diesmal klappte es tatsächlich, sowohl was die Anreise mit der Bahn als auch Earls Gedärme betraf. Im Publikum saßen unter anderem ein Architekturprofessor und seine Ehefrau, die es tatsächlich schaffte, den von Mischer Jörg Koch durch experimentelles Reglerballet noch verstärkten akustischen Horror schlafend zu verbringen. So wünschen wir uns unser Publikum. Nicht künstlich angestrengt, sondern tiefenentspannt auf die Bedürfnisse des eigenen Körpers achtend.

Abb. 18: We are the rail crew: Malmzeit auf Tournee in Belgien.

Jenseits der Konzertbühnen begaben wir uns im Rahmen unserer internen Weiterbildung und für Teambuildingzwecke auf eine Bergtour. Erst stiegen wir auf die 3.661 Meter hohe Blüemlisalp in den

Abb. 19: Malmzeit privat beim Aufstieg auf die Blüemlisalp.

Berner Alpen hinauf, dann stiegen wir wieder hinunter (▶ Abb. 19). Mental und physisch gestärkt entschlossen wir uns, zurück in tiefergelegenen Gefilden, zu einem ungewöhnlichen Schritt: Wir komponierten eine Ballade, unsere erste und einzige, sieht man einmal von balladesken Passagen in der „Symphony of Distraction" ab. „Real Leather Underpants" ist ein harmonisch simpler, schmeichelnder Song über die Liebe. Und das Wetter, versteht sich. Er beginnt mit einem melancholisch-heiteren Zupfmuster und endet in einer feenstaubbepuderten Gefühlsorgie. Dazu röchelt Earl:

Love – like rain
It falls – in vain
When the ground – is hot
And the air – is not.

Die tiefere Bedeutung unter dieser Schüttelreimlawine aufzuspüren, überlassen wir gerne dem Publikum.

2016
Unterwegs in Osteuropa

In der Zürcher alternativen Szene hatte sich herumgesprochen, dass Malmzeit in Besetzerkreisen für Stimmungsaufhellung sorgt. So trudelten denn weitere Buchungen aus dem Milieu und dessen Umfeld ein, etwa ins Wohnkollektiv „Hohlzke". Das „Rollkonzept" im „Hohlzke", einer Weiterführung des bereits im Labitzke-Areal erprobten „Hallenwohnens", besteht darin, sämtliche Aspekte des Wohnens und Arbeitens auf rollbare, container- oder käfigartige Konstruktionen zu verlagern, die dann in der 700 m² großen Halle frei und flexibel verschoben werden können. Ein durchaus interessantes Konzept, das die Vorzüge des Nomadisierens mit denen der Sesshaftigkeit versöhnt. Man könnte sich vorstellten, dass es verschiedene Bereiche gibt. Ruhige Ecken zum Arbeiten. Kühle Ecken an der Nordseite zum Schlafen sowie Partyecken. Man stelle sich vor, dass man morgens nach dem Aufwachen im zweistöckigen Cubicle erstmal hinuntergeht und die Wohnung Richtung Bad rollt, um die Zähne zu putzen. An der Küche vorbei rollend, nimmt man sich das Frühstück mit, bevor man die Kombination aus Wohnstatt und Büro in eine ruhige Ecke mit gutem Licht und WLAN rollt, um dort zu arbeiten. Abends auf dem Weg zum Schlafbereich stellt man sich noch in die Partyecke, um dort am gesellschaftlichen Leben teilzunehmen. Dabei muss die eigene Wohnung noch nicht mal verlassen werden. Dies wäre zudem ein schlüssiges Social-Distancing-Konzept für kommende Pandemien.

Neben Küche und Sanitärräumen war die Bühne in der Veranstaltungsecke einer der wenigen Bereiche, der nicht rollbar war, was uns aus Gründen der Komplexitätsreduktion ganz gelegen kam. Die Möglichkeit, während des Auftritts herumgeschoben zu werden, birgt Potenzial, spontan einen Anfall von Seekrankheit zu erleiden, einschließlich unappetitlicher Begleiterscheinungen. Nein, eine gewisse Statik des Untergrundes unterstreicht die grundsolide Bodenständigkeit des Heavy Metal. Eine Ausnahme bilden größere Schiffe. Wenn man mit Einstein das Schiff als Inertialsystem betrachtet, ist die Bühne gegenüber dem Schiffskörper relativ statisch. Flöße, Barkassen und Schlauchboote hingegen sind für Metal-Aufführungen nicht geeignet.

Langsam aber sicher wurden Metal-Lieferungen im kleinen Grenzverkehr zwischen Deutschland und der Schweiz für Malmzeit zur Gewohnheit. Selbstverständlich waren wir zufrieden mit der allgemeinen Auftragslage, doch strebten wir auch danach, dem Kammermetal neue Gefilde zu erschließen. Gewöhnliche Bands würden vermutlich eine Expansion ins Angelsächsische oder Skandinavische bevorzugen, wenn sie nicht gleich dem globalen *Money Trail* folgten und gen Asien aufbrächen. Wir hingegen dachten uns: England kann jeder, in China investieren Hinz und Kunz. Malmzeit hingegen wird es mit Osteuropa versuchen. Nun, aber wo beginnt Osteuropa? Sollten wir vielleicht Österreich in Betracht ziehen? Sicher wären unsere Nachbarn empört, würde man sie in Osteuropa verorten. In einer durchschnittlichen österreichischen Stadt kann man keine zehn Meter gehen, ohne dass jemand auf die Rumänen, die Polen oder die Bulgaren schimpft – hilflose rassistische Trotzreaktionen eines untergegangenen Imperiums.

Rumänien jedenfalls befindet sich aus Sicht von Deutschland und der Schweiz relativ weit östlich. Dies sollte unsere erste Station werden. Die Künstlerin Lea Rasovszky, deren ätzend-hintersinniges Werk wir hier ausdrücklich empfehlen wollen, kümmerte sich auf Initiative der Kunsthistorikerin Daria Ghiu um unseren Einstand in der Hauptstadt Bukarest und organisierte zudem ein exquisites Teeservice aus Großmutterns Beständen.

Wie es sich für jede kleine, aber größenwahnsinnige Band gehört, reisten wir getrennt an und übernachteten in unterschiedlichen

Beherbergungsbetrieben. Earl Grey stieg im zweitbesten Hotel am Platze, dem Hilton ab. Im besten, dem Intercontinental Hotel, war er einige Zeit zuvor auf einer Vortragsreise den leibhaftigen Lars Ulrich und Robert Trujillo von Metallica an der Bar begegnet. Derlei traumatisierende Konfrontationen mit dem *echten* Metal galt es zu vermeiden. Bei Metallica ist es schon lange Tradition, einander auf Tour möglichst wenig zu begegnen, da sich die Bandmitglieder eigentlich hassen. Letzteres ist bei Malmzeit mitnichten der Fall. Wir sind Freunde und die Freundschaft bleibt frisch, wenn sich Distanz und Nähe in einem ausgewogenen Verhältnis befinden. Sumatra Bop jedenfalls reiste mit Dame ausnahmsweise über den Luftweg nach Rumänien. Die Teilzeit-Metal-Tätigkeit ließ keine Zeit für eine mehrtägige Zugreise, obschon das, wie mehrfach erwähnt, die bevorzugte Fortbewegungsmethode Malmzeits darstellt. In diesem Fall jedoch galt es, ganz im Geiste der allgemeinen Schnelllebigkeit, möglichst rasch nach Bukarest zu reisen und nach getaner Arbeit wieder zurück.

Sumatras Unterkunft wurde im Internet über ein einschlägig bekanntes Mitwohn-Portal gebucht. Die Fahrt in die Innenstadt ging vorbei an den typischen Architektur-Katastrophen sozialistischer Prägung. Das Zentrum selbst jedoch entpuppte sich dem Baedeker-Blick als ausgesprochen sehenswert. Viel erhaltene Altbausubstanz unterschiedlicher Epochen, von der osmanischen Ära über Paläste im französischen Stil bis hin zum Bauhaus. Im Obergeschoss eines Theatergebäudes, dessen Eingang sich nur durch mehrfaches Durchfragen finden ließ, erwartete Gastgeber Valerius Borcoș den Metal-Gitarristen und seine Begleitung, um ihnen das gesamte Apartment zu überlassen. Der Zufall wollte es, dass Valerius ebenfalls Musiker war und mit seinem Dance/Electro-Duo K not K (ehemals Karpov not Kasparov) am selben Tag einen Auftritt hatte. Besuch und Gegenbesuch waren schnell vereinbart. K not K traten am lauen Spätnachmittag im Rahmen der Abschlussveranstaltung einer einwöchigen Modeveranstaltung auf. Es wurden die großen Terrassentüren zum

Hof geöffnet. Die Band spielte drinnen, die anlassangemessen gekleideten Zuschauer standen draußen. Man fühlte und gewandete sich sexy und frei.

Der Auftrittsort von Malmzeit hingegen war wesentlich konspirativer: ein historischer Sendesaal des rumänischen Rundfunks. Konspirativ ging es insofern zu, als der Einlass ins Innere einer öffentlich-rechtlichen Sendeanstalt nicht so ohne Weiteres möglich ist. Es besteht ja immerhin die Möglichkeit, die Mikrofone zu besetzen und eine neue Republik – oder wahlweise Diktatur – auszurufen. Die Band und die erfreulich zahlreichen Zuschauer wurden deshalb genau geprüft. Das Publikum musste sich vorher registrieren und beim Einlass ausweisen. Einmal drin, erwies sich der noch unter Ceaușescu errichtete Sendesaal als Paradies für uns als Band. Professionell ausgestattet, sowohl mit Personal als auch mit Equipment, hatten wir selten einen effizienteren Soundcheck erlebt als hier in Bukarest. Nur mit der Beleuchtung haperte es etwas, da ja Radio. Aber auch hier wurde mit der in Jahrzehnten des Sozialismus vollendeten Fähigkeit zum Improvisieren bei Mangellagen die Situation zur Zufriedenheit aller gelöst.

Der gut besuchte Auftritt im Sendesaal von *Radio România* wurde durch einen vermutlich Freud'schen Versprecher Earls zur Geburtsstunde von „Heavy Mental", das als Selbstbezeichnung seither nicht nur als weiteres Metal-Subgenre, sondern auch als generelles Lebenskonzept immer weiter verfeinert wird. Lea Rasovszky, die mitsamt Familienmitgliedern der Show beiwohnte, verfasste anschließend ein euphorisches Feedback für unsere Internetseite:

> „I ordered a heavy metal delivery because I really felt like all the heavy metal that was around was just not quality enough. So, I said why not? As promised, the delivery came fast and on time, it was very professional and aesthetically pleasing. It was a fine blend of hardcore harmonies and meteorological wisdom! I strongly recommend these fine tea connoisseurs, who are not afraid to get down and sum-

> mon some heavy metal to sooth mental. Overall, life changing! 5 stars out of 5! Order now and you will not be sorry!"

Die gesamte Bukarest-Eskapade wurde aus Mangel an Budget der lokalen Veranstalter in der Bandbuchhaltung als PR-Maßnahme zur Erschließung des osteuropäischen Marktes mit anschließendem Wochenend-Ausflug verbucht. Und so war noch ein bisschen Zeit für Sightseeing. Natürlich musste der legendäre Palast der Volkes zumindest von außen betrachtet werden. Da wir Größe und Monumentalität skeptisch gegenüberstehen, galt das eigentliche Interesse jedoch dem pulsierenden Leben auf den Märkten und Plätzen sowie der lokalen Kochkunst. Letztere kommt den Ernährungsgewohnheiten von Malmzeit sehr entgegen. Wenig Kohlenhydrate, dafür viel Vitamine, Ballaststoffe und Proteine für Muskelaufbau und -erhalt. Heavy Metal ist schließlich nicht nur Kunst, sondern, im Gegensatz zu Reggae oder Dub, auch Hochleistungssport, der entsprechende Kost erfordert. Rumänien hat glücklicherweise seine eigene, höchst authentische Variation von Fleisch und Gemüse zu bieten. Gerollte Hackfleischwürste heißen hierzulande „Mici" und man würde wohl einen neuen Balkankrieg vom Zaun brechen, würde man Mici mit den aus der ex-jugoslawischen Küche bekannten Ćevapčići vergleichen. Mici ist selbstredend etwas völlig anderes! Abgerundet wurden Malmzeits Mahlzeiten mit unterschiedlichen Varianten von Erfrischungsgetränken wie Estragonlimonade oder einem Trunk aus vergorenem Brot. So war es denn auch in kulinarischer Hinsicht ein geglückter Auftakt für unsere Osterweiterung. Die Tatsache, dass Bukarest eine Städtepartnerschaft mit Chișinău, der Hauptstadt der Republik Moldau, unterhält, sollte sich im Nachhinein als gutes Omen herausstellen.

Nach dem Ausflug in den internationalen Jet-Set ging es wieder zurück in den Westen, um indigene Kundenanfragen zu bedienen. Unter anderem wurden wir gebucht, um in der Zürcher „Dammbar" einen 50. Geburtstag musikalisch zu untermalen. Sumatras Anfahrt zu diesem für uns nicht ungewöhnlichen Anlass wird in Earls Buch

Metalmorphosen. Die unwahrscheinlichen Wandlungen des Heavy Metal (2020) wie folgt beschrieben:

> „Im September 2016 begegnete Malmzeit-Gitarrist Sumatra Bop auf der Anreise zu einem Auftritt einem älteren, gediegen gekleideten Ehepaar. Ob der Verspätung des durchs Neckartal zuckelnden Fernzugs, in welchem sie einander gegenübersaßen, kamen sie ins Gespräch. Sie seien, so berichtete die Frau, auf dem Weg zu einem Klassikkonzert in Zürich, das sie nun vermutlich verpassen würden. Ärgerlich, sehr ärgerlich. [Sumatra Bop] erwiderte, dass er ein Metal-Konzert in der dortigen Dammbar zu absolvieren habe und ebenfalls in zeitliche Bedrängnis geraten werde. Ach, Heavy Metal, sagte die Frau. Soso. Nun, wenn sie es nicht mehr zum Klassikkonzert schafften, dann kämen sie eben in die Dammbar. Mit Metal habe sie kein Problem. Dann formte sie die Finger zur gehörnten Hand."

So verstärkten sowohl Sumatras Anreise als auch das Konzert in der „Dammbar" unseren Eindruck, dass wir mit unserer Musik von Menschen im Früh- und Spätherbst ihres Lebens besondere Wertschätzung erfahren. Wir helfen ihnen vermutlich, sich an ihre *Heydays* zu erinnern. Zudem sitzen wir auf bequemen Möbeln, was den unterschwelligen Gruppendruck reduziert, sich hektisch bewegen zu müssen. Und die Netto-Dosen an Heavy Metal, die wir abzüglich sprachlicher Einlagen zu verabreichen pflegen, sind gut bekömmlich. Es sollte nicht der einzige fünfzigste Geburtstag bleiben. Auch Sechzigste folgten bald.

Um den Kontakt zu den noch länger Lebenden nicht zu vernachlässigen, ließen wir keine Gelegenheit aus, uns in der jüngeren Zürcher Kunstszene zu präsentieren. Sei es in Galerien wie „Annex14" oder an der Zürcher Hochschule der Künste. In erstere hatte uns der Regisseur und Autor Thomas Hämmerli eingeladen, dessen Ehefrau Ana Roldan ebendort ihre Konzeptkunst in der Soloshow „NO" präsentierte. In letztere, genauer gesagt deren „Aktionsraum", führte uns die Releaseparty für das Buch *Holy Shit. Katalog einer verschollenen Ausstellung*. Wir konzertierten dort mit dem Komiker Dr. Lüdi, der mit einem kleidsamen Tropenhelm auftrat.

Im November folgte ein Engagement in der Zürcher „Photobastei“ anlässlich der Veranstaltungsreihe „Popmusik, Archiv, Geschichte“ des Schweizerischen Sozialarchivs. In einer Podiumsdiskussion wurde vorsichtig darüber gestritten, was überhaupt Musik, was Sound ist, und ob Popmusik noch das Potenzial zur Provokation besitze. Es diskutierten die Religionswissenschaftlerin und Metalforscherin Anna-Katharina Höpflinger, die sich zu reinen Forschungszwecken einst als Bassistin einer Metal-Band verdingt hatte, der Historiker Niklaus Ingold, der am Beispiel von Aerobic den Zusammenhang zwischen Musik und Gesundheit erforschte, die Musikredakteurin Christa Helbling, die sich die Anfänge der Schweizer Beat-Kultur zu ergründen auf die Fahnen geschrieben hatte, sowie die Historikerin Katharina Böhmer, deren Fachgebiet die Geschichte der „Halbstarken“ und deren Begeisterung für Rock 'n' Roll war. Moderiert wurde diese Veranstaltung auf ganz und gar nicht langweilige Weise vom Basler Professor Martin Lengwiler.

Abb. 20: Darbietung des Songs „Pondering Ponderosa“ in der „Photobastei“.

Die Diskussion und die einzelnen Fachbeiträge waren äußerst unterhaltsam, auch wenn uns das finale Verdikt im Moment entfallen ist – falls es überhaupt eines gegeben hat. Im Anschluss an die Diskussion legten wir los (▶ Abb. 20) und sorgten für einen anhaltenden Lachkrampf des Historikers Erich Keller, der als Sänger von Fear of God in den 80er-Jahren den Grindcore miterfunden hatte, sich dann jedoch, die neoliberalen Subjektzurichtungsprozesse noch in den alternativsten Nischen der Popkultur durchschaut habend, dem Aktivismus und später dem Geschichtsstudium zuwandte. Er war es, auf dessen Vorschlag man uns als *Collateral Event* dieses Anlasses bestellt hatte. Vielleicht, weil Malmzeit eine gewisse exorzistische Qualität nicht abzusprechen ist: Wir treiben mit Metal dem Metal den Metal aus. Auf alle Fälle schickte Keller uns ein Feedback für die „Das sagt die Kundschaft"-Sektion unserer Internetseite, das als bislang poetischstes und gelehrtestes gelten darf:

> „‚Bedecke Deinen Himmel, Zeus / Mit Wolkendunst!' – lässt Goethe den rebellischen Prometheus deklamieren. Bei ‚Conan the Barbarian' ist es bekanntermassen Crom, der den Menschen das Geheimnis des Stahls schenkt – sehr zur Missgunst der Götter. Und bei Malmzeit werden diese zwei Ebenen zusammengeführt: Wetter & Stahl – zur grossen Freude des Publikums!"

Das Format der Veranstaltung zeigte, dass Malmzeit am besten ankommt, wenn wir im Rahmenprogramm einer anderen Veranstaltung gebucht werden. Solokonzerte, insbesondere in konventionellen Clubs auf bislang für den Trash- und Kammermetal unerschlossenem Gebiet, funktionieren oft schlecht, wie der nachfolgende Auftritt im schwäbischen Nürtingen eindrücklich zeigte. Die Geburtsstadt nicht nur Hölderlins, sondern auch Harald Schmidts ist heutzutage die Homebase des weiter oben bereits erwähnten Prince Valium. Er plante einen kombinierten Auftritt im zentral gelegenen Club „Provisorium", was möglicherweise für volles Haus gesorgt hätte. Leider war er kurzfristig verhindert, weswegen wir den Aufritt vor vier bis fünf Menschen alleine absolvierten. Indessen tauchte am Horizont ein weiteres Veranstaltungsformat auf: Hochzeiten.

2017
Malmzeit für den Mittelstand

Unter den an Besonderheiten nicht armen Buchungen des Jahres 2017 stechen vier besonders heraus: unsere erste Hochzeitslieferung, unser erstes Gastspiel in der Republik Moldau, unser erster Auftritt vor hochdekorierten Staatsdienern des deutschen Volkes und unsere erste musikalische Untermalung eines 60. Geburtstags. Aber der Reihe nach.

Die Liefersaison begann im April mit einem intimen familiären Anlass. Earls Schwester hatte beschlossen, im ländlichen Bayern den Bund der Ehe einzugehen, und ihr künftiger Gatte, offenbar um gute verwandtschaftliche Beziehungen bemüht, sprach sich für Malmzeit als Partyspaß nach der Trauung aus. Während letzterer bekannte der Pfarrer, selbst nur ein einziges Mal geheiratet zu haben, weshalb er mit der Zeremonie nicht wirklich vertraut sei. Entsprechend skurril verlief seine Performance, während der er immer wieder mit seinen hochhackigen Schuhen auf den Boden stampfte und im Stile amerikanischer Fernsehprediger „Halleluja!" jauchzte. Als ein anwesender Hund zu jaulen begann und man ihn aus der Kirche schickte, rief er ihm nach: „Geh' nur, Gott ist auch da draußen!" Wir standen also unter einem gewissen Konkurrenzdruck, wurden doch gewöhnlich *wir* als skurriles Schmankerl bestellt.

Die anschließende Sause in der „Seepost" am Ammersee, wo rustikale Burgerkreationen und Saiblingsfilets serviert wurden, verlief jedoch zufriedenstellend. Mehrere Verwandte, zugestanden jüngeren Alters, gaben sich dem Headbanging wie auch dem Pogotanz hin, während die älteren in sicherem Abstand den Nachtisch verzehrten. Im Hintergrund bereitete derweil schon mal ein lokaler DJ sein Set mit Hits aus den 90ern vor (▶ Abb. 21), das den damaligen

Anything-Goes-Zeitgeist angemessen würdigte: von „I Like to Move It" bis hin zu „Killing in the Name" war alles mit dabei.

Abb. 21: Malmzeit in rustikalem Ambiente: Hochzeitsfeier am Ammersee.

Nach unserer Osterweiterung im Vorjahr beschlossen wir, in für den Kammermetal noch unüblichere Gegenden vorzustoßen. Unsere Wahl fiel auf die Republik Moldau, wo Earl seit längerem Kooperationsprojekte durchführte und entsprechende Vorkehrungen treffen konnte. Wir quartierten uns im Chișinăuer Hotel Cosmos ein, einst ganzer Stolz der aufstrebenden Sowjet-Metropole, deren Hochphase in den 70er- und 80er-Jahren eine Mitarbeiterin der Hotelküche gar noch persönlich erlebt hatte. Mit der Glanzära aber war es sichtlich vorbei. Auf manchen Stockwerken des Hotels hatten sich Zahnärzte und diverse Kleinbetriebe eingemietet, im Shop wurden noch Stalin-Bildchen verkauft und die Lobby füllte sich mit Prostituierten, wenn Fußballclubs abstiegen.

Die moldauische Künstler-Aktivistengruppe Oberliht erheiterte sich seit langem an unseren YouTube-Trailern und fungierte als unsere Gastgeberin. Eigens für Malmzeit organisierte sie ein Open-Air-Spektakel vor dem Colegiul de Arte Plastice Alexandru Plămădeală. Wir saßen etwas erhöht im Eingangsbereich der ehrenwerten Institution, flankiert von einer, wie wir zunächst dachten, überdimensionierten PA-Anlage inklusive Nebelmaschine. Da sich die Organisatoren jedoch entschlossen hatten, nicht nur den Vorplatz, sondern die gesamte Nachbarschaft zu beschallen, ergab die Dimension der Vorrichtung durchaus Sinn. Bei den Anwohnern schien es sich jedoch nicht um Metalheads zu handeln, standen doch wenige Minuten nach Beginn des Konzerts mehrere von ihnen wild gestikulierend vor der Bühne. Im ersten Moment dachten wir, es handele sich um Begeisterungsbekundungen. Doch nein, es wurde, so ließ uns ein Übersetzer wissen, unmissverständlich der Abbruch des Konzerts gefordert. Dabei war es noch nicht mal Schlafenszeit! Aus Süddeutschland waren wir bürgerliche Rigidität ja gewohnt, aber das hier hatte eine andere Qualität.

Als gute Demokraten und auf den Rat eines anwesenden Lokalpolitikers hin beschlossen wir, die Sache auf friedlichem Wege zu lösen: Wir drehten die Anlage noch lauter, fuhren mit dem Programm fort und überdröhnten kurzerhand die Beschwerden. Doch die Protestkultur in Chișinău erwies sich als robust. Zu erschütternden Szenen kam es, als eine junge Mutter die Bühne stürmte und uns ihr Baby präsentierte, das infolge des Höllenlärms nicht schlafen konnte (▶ Abb. 22). Auch diesmal setzte sich der Lokalpolitiker durch, der sich uns als Initiand eines der ersten größeren Rockfestivals in der Moldau nach dem Ende des Sozialismus vorstellte: Es handele sich hier um Kultur! Diese stehe, gerade in ihren öffentlichen und für die Chișinăuer Bürger kostenlosen Formen, über allem, und also müsse das hier weitergehen. Zudem sei das Konzert genehmigt. Von wem, wollten die Beschwerdeführer wissen. Von ihm selbst, entgegnete der auch äußerlich als solcher erkennbare Rockfan. Ende der Diskus-

sion. So entwickelte sich unsere Darbietung zu einem partizipativen Happening mit niederschwelligen Kommunikationsangeboten.

Abb. 22: Besorgte Mutter stürmt die Bühne in Chișinău.

Der Vorplatz hatte sich zwischenzeitlich gut mit Schaulustigen, darunter viele Kinder, und ernsthaft Metalinteressierten gefüllt, ein Filmteam zeichnete die Malmzeit-Premiere fürs lokale Fernsehen auf. Nach der Show posierten wir für neu gewonnene Fans mit dem Wasserkocher, der während des Konzerts für die Zubereitung unser obligaten Bühnengetränks zum Einsatz gekommen war. Alles in allem also ein gelungener Einstand, den wir noch mit einem Abstecher nach Transnistrien abrundeten. Das erste Café, das wir in Tiraspol betraten, hieß „Mafia". Der wichtigste Konzern im Miniaturstaat hieß „Sheriff". Hier lebte sie also fort, die gute alte marxistische Dialektik, nicht zuletzt in Form monumentaler Lenin-Statuen, an denen Pkw aus systemfeindlicher Fabrikation vorbeirauschten. Angesichts der russischen „Friedenstruppen" im Lande und dessen Status als nicht-anerkannter beziehungsweise nur von der – ja, die gibt es wirklich! – Gemeinschaft nicht-anerkannter Staaten anerkannter Staat verzichteten wir auf öffentliche Aufführungen. Uns hier wieder rauszuholen, wäre schwierig gewesen.

Auf ähnliche Weise symbolisch für das Vordringen des Heavy Metal in die Kernlande bürgerlicher Normalität wie unser Konzert im Schloss Donzdorf war die Einladung Malmzeits auf die traditionelle Stallwächterparty in der Landesvertretung Baden-Württemberg zu Berlin. Auf diese doch eher aparte Idee verfallen war Ministerialdirigent a. D. Dr. Claus-Peter Clostermeyer, der im *Deutschlandfunk* von Malmzeit gehört hatte und sich, auch in Anbetracht der württembergischen Herkunft beider Bandmitglieder, dachte, das müsse man doch der Prominenz aus Staat, Wirtschaft und Kultur zugänglich machen, die sich da jeweils im sommerlichen Berlin netzwerkend tummelte. Neben Winfried Kretschmann stand sogar Angela Merkel auf der Gästeliste – und fast wäre es tatsächlich dazu gekommen, dass wir die eiserne Kanzlerin mit Trash Metal unterhalten hätten, was die im Rückblick doch eher dümpelige Regentschaft vielleicht vorzeitig beendet hätte. Leider machte uns der Schwarze Block in Hamburg einen Strich durch die Rechnung. Infolge der Ausschreitungen beim G20-Gipfel sah sich das Staatsoberhaupt gezwungen, ihre Prioritäten zu verlagern: Krisenmanagement im Nordwesten statt Maultaschen und Kammermetal im Nordosten. Um diese einmalige Chance gebracht, stehen wir ideologischen Hardlinern und ihrem Hang zur Gewalt umso eindeutiger ablehnend gegenüber. Dennoch wurde es ein erquicklicher Anlass.

Abb. 23: Malmzeit in der Landesvertretung Baden-Württemberg zu Berlin.

Wir spielten in einer Art Amphitheater auf dem Dach, das Publikum himmelwärts gestaffelt vor uns sitzend, Würstle und Weißweinschorle auf den Knien (▶ Abb. 23). Vor und nach uns zogen Blubberjazz- und Popbands alle Register ihres unverfänglichen Könnens. Der Kontrast hätte also kaum größer sein können. Wir ballerten unsere Songs ungehemmt, ohne Rücksicht auf Verluste, in die illustre Abendgesellschaft. Das Publikum erwies sich entgegen unserer Erwartung als ziemlich metalaffin und hart im Nehmen, was wir küchensoziologisch auf die für Süddeutschland hohe Bedeutung des metallverarbeitenden Gewerbes im Allgemeinen und des Maschinenbaus im Speziellen zurückführten (▶ Geleitwort Dr. Clostermeyer). Ein älterer Herr, der unserem Auftritt in der ersten Reihe beiwohnte, natürlich sitzend wie alle anderen inklusive Band, lobte uns anschließend für die originelle Darbietung. Allerdings sei diese nicht laut genug gewesen – er habe gar sein Hörgerät hochdrehen müssen. Vermutlich handelte es sich um einen Achtundsechziger, der schon ganz andere Dinge erlebt hatte, bevor er den Marsch durch die Institutionen antrat. In guter Erinnerung geblieben ist uns auch die Unterhaltung mit Jürgen „Dosenpfand" Trittin, bei der dieser unsere Frage, wie er denn zu Heavy-Metal-Lieferservices im Allgemeinen so stehe, etwas kryptisch beantwortete: „Solang's kein Minijob ist ..." Winfried Kretschmanns dringlichem Wunsch nach einem Gruppenfoto mit der Band (▶ Abb. 24) kamen wir ebenso selbstverständlich nach wie Aufforderungen zur Erläuterung unserer Kompositionstechnik aus dem Munde mehrerer schwäbischer Mittelstandstüftler.

Abb. 24: Fotowünsche von Fans verweigern wir nie: Malmzeit mit Winfried Kretschmann.

Erwähnenswert sind noch einige Passagen aus dem Engagementsvertrag mit dem Land Baden-Württemberg, den wir im Vorfeld zu unterzeichnen hatten. In diesem standen unsterbliche Sätze wie: „Der Künstler verpflichtet sich, im Rahmen dieser Veranstaltung folgende Darbietungen zu erbringen: 40 Minuten Metal Konzert mit Werkeinführung und Moderation durch das Ensemble." Als unser Ansprechpartner, dessen Dienste wir jedoch nicht in Anspruch nahmen, war der Herr Leitende Forstdirektor Ulrich Aierstock vermerkt.

In seinem Buch *Metalmorphosen* erinnert sich Earl wie folgt an den Abend:

> „Ein paar Jahre später spielte Malmzeit in der Berliner Vertretung des Landes Baden-Württemberg vor Staatssekretärinnen, Ministerialdirigenten und Bundesministerinnen. Unsere Künstlergarderobe im Raum ‚Schwarzwald' mit Vintage-Kuckucksuhr grenzte direkt an das Amtszimmer des ebenfalls anwesenden Ministerpräsidenten Winfried Kretschmann. Im Garten verspeisten wir Spießchen vom schwäbisch-hällischen Landschwein mit Kartoffelsalat und parlierten mit Vertretern diverser bürgerlicher Parteien sowie den unvermeidlichen Lobbyisten über die Segnungen der Stromgitarre. Dudeljazz blubberte aus den Boxen, und es war Sommer. Heavy Metal war, wenngleich in seiner kammermetallischen Variante, im Herzen der Macht angekommen."

Kaum hatten wir Berlin verlassen, brachen wir schon wieder in den Osten der Republik auf. Über das Internet erreichen uns immer wieder Buchungen, bei denen wir nicht mit Sicherheit sagen können, ob es sich um ernstgemeinte handelt oder um Strolchereien. So zweifelten wir im September dieses Jahres zunächst, ob ein eminenter Rechtsanwalt, dessen Namen wir hier aus Diskretionsgründen nicht nennen werden (unsere Kundschaft kann bei Privatanlässen auf Datenschutz vertrauen), tatsächlich zur Feier seines Sechzigsten ein Metalkonzert in einem Nobelhotel – in allerbester Lage, in einer ostdeutschen Stadt, in Anwesenheit diverser Honoratioren – zu veranstalten gedachte oder ob es sich um einen Scherz handelte. Doch dem Mann, so stellte es sich beim Initialtelefonat und infolge der Anzahlung heraus, war es ernst. So fuhren wir also gen Osten, spazierten im Bühnenhabit durch eine pittoreske Altstadt, besuchten so manche Touristenattraktion und studierten die exakt aufeinander abgestimmte Dramaturgie der Straßenmusiker auf dem zentralen Platz. Nie kam es dort zu kakofonen Überlappungen. Das imponierte uns und wir schworen einander, auch unser Zusammenspiel ein wenig weniger trashig zu gestalten. Ab und an haben wir uns daran gehalten.

Die Feier in der penthouseartigen Dachüberbauung des Hotels war geprägt vom Enthusiasmus unseres Auftraggebers, der uns mit so gewählten wie glühenden Worten einführte, offensichtlich durchpulst von Abenteuerfreude und Lust auf gediegene Grenzüberschreitung. Allein, seine Hochstimmung übertrug sich nicht so recht auf die anwesenden Gäste und vor allem nicht auf seine Gattin, der unübersehbar der Sinn nach milderen Klängen stand. Ob die Ehe unseren Auftritt überstanden hat, entzieht sich unserer Kenntnis. Die Sympathien, die wir zuvor im zwanglosen Gespräch mit diversen Bauunternehmern, Wissenschaftlerinnen und Politikern beim toastreichen Dinner im Festsaal hatten aufbauen können, verpufften vermutlich mit den ersten Powerchords, den scheppernden Beats aus der Dose und Earl Greys rudimentärem Röhren. Das Publikum klammerte sich in sicherer Distanz an seinen Spießchen oder Cocktailgläsern fest und bestaunte uns wie ein seltenes, ein wenig hässliches Tier, involvierte uns hernach jedoch in höfliche Gespräche.

Eine besondere Herausforderung tat sich auf, als der transgressionsfreudige Jubilar einen speziellen Geburtstagswunsch äußerte: Ihm stünde der Sinn nach einer Jamsession, die wir, Malmzeit, gemeinsam mit der zweiten für diesen milden Sommerabend gebuchten Band, einem Jazz-Duo aus der Region, doch bitte unter Aufbietung aller unserer Improvisationskünste veranstalten möchten. Da wir, was nun schon öfter erwähnt worden ist, eisern kundenorientiert arbeiten, kamen wir der Aufforderung ohne mit der Wimper zu zucken nach. Wir setzten uns vor das Duo und begannen, den Mitmusikern die Rücken zugewandt, irgendetwas zu improvisieren, das Duo hinter uns improvisierte auch irgendetwas, und so spielten wir da also, jeder für sich und doch zusammen, zumindest was Raum und Zeit betrifft. Ungeübte Ohren mochten darin eine besonders avancierte Form von Free Jazz erkannt haben, aber alle, die ein wenig von Jazz verstanden, durchschauten die Notgeburt als solche. Wir hofften inständig, dass keine Musikexperten anwesend waren, und verabschiedeten uns recht früh ins Hotelzimmer.

Vollendet positiv war indes das Kundenfeedback bei einer Privatbuchung unweit der Grabkapelle auf dem Stuttgarter Rotenberg. Obgleich die Daimler-Produktionsstätten in Sichtweite waren, schien man hier, wenn man letzteren den Rücken zuwendete, in eine andere Welt versetzt: von Weinreben überzogene und von verschwiegenen Dörflein durchsetzte Hügelformationen, so weit das Auge reichte. Man wäre nicht überrascht gewesen, hätte man bei einem Spaziergang Hegel und Hölderlin getroffen. Auch musste man sich hüten, nicht reflexhaft Mörike zu rezitieren. Doch um Philosophie und Lyrik ging es nicht, vielmehr sollte in der Garage eines passionierten Autoschraubers dessen silberne Hochzeit beschallt werden – Hochzeit nicht mit einem seiner zahlreichen Gefährte, was in Zeiten erweiterter Beziehungsverständnisse hinzugefügt werden muss (Stichwort Objektsexualität), sondern mit seiner zumindest dem Augenschein nach menschlichen Lebensgefährtin. Das Publikum war im besten Midlife-Crisis-Alter und tanzte, ja pogte, was selten vorkommt und von uns auch nicht gefördert wird, ausgelassen zu unseren Songs, die wir an einem Nieren-Tischchen sitzend darboten. Die Wand in unseren Rücken war über und über mit Postern und Blechschildern behängt. Hinter Earls Kopf war zu lesen: „Arbeitszeit: täglich 7^{30} – 12 u. 13 – 17 Uhr, Samstag nur 7^{30} – 12 Uhr." Neben Sumatra zeigte ein Plakat einen dynamisch wirkenden Motorradfahrer in anachronistischer Kluft unter dem Slogan „Auf in die Zukunft. Region Stuttgart" (▶ Abb. 25). Das passte. Die Gleichzeitigkeit von Archaischem und Futuristischem, Konservativem und Innovativem war und ist typisch für die Region. Und irgendwie ja auch für den Heavy-Metal-Lieferservice.

Abb. 25: Silberhochzeitsfeier in der Garage eines Oldtimer-Fans.

2018
Bilanz zum Jubiläum: Milestone „Musealisierung" erreicht

Zum Jahresbeginn 2018 verschlug es uns innerhalb einer Woche gleich zweimal nach Siegen – in eine Stadt, über die der Witz kursiert: „Was ist schlimmer als verlieren? Siegen." Da wir umgebungsindifferent arbeiten und abgesehen von Extremisten – das unterscheidet uns in moralischer Hinsicht dann doch von Pizzalieferanten – jegliche Gruppen und Orte beliefern, schreckte uns das nicht ab. Zunächst ging es ins Museum für Gegenwartskunst, immerhin das deutsche Museum des Jahres 2011. Das Departement Kunst und Musik der Universität Siegen lud uns ein, zum Abschluss der Vortragsreihe „Fluxus im Kontext" vor der schwarz-gelben Wandinstallation *XxXxXx Freedom* (1992–94) von Takako Saito Platz zu nehmen und das zu tun, was wir immer tun. Das Publikum saß auf Kissen auf dem Museumsboden und wir freuten uns, einen bescheidenen Beitrag zur Erweiterung des Kunstvermittlungsbegriffs leisten zu können (▶ Abb. 26). Zwischen den Songs mühten wir uns redlich, Bezüge zu den alten Meistern der altmeisterkritischen Fluxus-Bewegung herzustellen, und kamen zu dem Schluss, dass wir eindeutig in deren, nun ja: Tradition oder genauer: in deren Traditions*strom* stehen, geht es doch bei Malmzeit nicht um die Produktion von Dokumenten für die Ewigkeit, sondern um die Wonnen einmaliger Ereignisse, die einzig im persönlichen Archiv der Erinnerung fortbestehen.

Wir überlegten kurz, den Rest der Woche als Bildungsreisende in Siegen zu verbringen und womöglich eine Exkursion ins Sauerland zu unternehmen, da am Samstag bereits die nächste Buchung stattfinden sollte, diesmal im privaten Umfeld. Diverse Verpflichtungen zwangen uns aber, zwischenzeitlich wieder in den Süden zurückzukehren, was sich als Glücksfall hätte erweisen können, machten

Abb. 26: Metal trifft XxXxXx Freedom in Siegen.

doch Nachrichten von einer zunehmend unheilvollen Wetterlage die Runde: Das gesamte Siegerland, so war von apokalyptisch gestimmten Einheimischen zu vernehmen, drohte eingeschneit zu werden. Wir kamen gerade noch raus. Nun sind Wetterlagen in Mitteleuropa zumeist weit weniger apokalyptisch, als sie zunächst scheinen und in den Medien angekündigt werden – noch. Und so war die leichte Schneedecke bereits fast verschwunden, als wir erneut nach Siegen fuhren, um in einem häuslichen Kreise das Geburtstagsüberraschungsgeschenk zu mimen. Der Beschenkte wusste also, wie damals in Zeckern, nichts von seinem Glück. Unser Eintreffen war so geplant worden, dass er bei selbigem noch außer Haus bei seinen täglichen Übungen im Fitnessstudio weilte. Die Geburtstagsgesellschaft hatte sich indessen schon vollzählig eingefunden. So konnten wir bei unverfänglichen Gesprächen über das Wetter erste Eisdecken brechen, während wir aufbauten und den Soundcheck durchführten.

Abb. 27: Typische Bühnensituation bei einer Privatbuchung in Siegen.

Ort des Geschehens war ein freistehendes Einfamilienhaus am Rande von Siegen, vermutlich in den Fünfzigerjahren errichtet, kontinuierlich in einem ordentlichen Zustand gehalten und ohne Schnickschnack modernisiert. An den Wänden hingen diverse Meisterbriefe des Bäckerhandwerks. Unter einem Peanuts-Poster nahmen wir auf dem unprätentiösen, aber qualitativ hochwertigen Sofa aus den frühen 90er-Jahren Platz (▶ Abb. 27). Links und rechts des Möbelstücks war noch Raum für die von uns angeforderte und ordnungsgemäß gelieferte PA-Anlage. Auf diversen Tischchen lagen auf pfiffig gefalteten Servietten kleine Häppchen zum Verzehr bereit. Auch an

Prosecco, alkoholfreiem Bier und Kaffee aus Plastik-Thermoskannen verschiedener Farben bestand kein Mangel. Für uns gab es Tee. Man stand gemütlich beisammen und führte Small-Talk, was mal mehr, mal weniger gelang. Ein guter Einstieg war der Hinweis, dass wir wenige Tage zuvor schon einmal in dieser schönen Stadt gewesen seien, wobei wir stets die wohlwollende Berichterstattung lokaler Medien erwähnten. So hielt die *Siegener Zeitung* am 19. Januar fest:

> „Echt fette Musik, hackende Bässe und jaulende, kreischende Gitarre, bloß ohne das übliche Setting: keine Jeanskutten, lange Haare, Bierdosen und Headbanging, sondern Musiker, die das Publikum siezen, dem Wunsch nach gemäßigter Zimmerlautstärke nachkommen und höflich informative Aspekte zur nachfolgenden Komposition ins interessierte wie amüsierte Publikum werfen – und immer nur übers Wetter singen, ein weltwichtiges Thema nach Eros und Thanatos, das im Genre Metal gar nicht vorkomme, wie die beiden Musiker konstatierten. [...] Das ist witzig. Und dass das Museum so schön-schräge Sachen mitmacht, auch initiiert, die das Kunsthistorische und Kunsttheoretische so fein ins erlebbar Sinnliche ziehen, ist wunderbar und einem zeitgenössischen Gegenwartskunstmuseum sicher Herzblutaufgabe."

Irgendwann berichteten die abgestellten Schmieresteher, dass die Hauptperson im Anmarsch sei. Danach hatten wir und die Gäste noch eine Viertelstunde Zeit, um bei der Überraschung nichts dem Zufall zu überlassen. Als das Geburtstagskind dann frisch geduscht erschien, machte er durchaus einen überraschten Eindruck. Allerdings war nicht ganz klar, ob positiv oder negativ. Er wusste wohl nicht so recht, was er davon halten sollte, dass so viele Leute, zu denen offenbar nicht nur Freunde gehörten, sondern auch zwei wildfremde Menschen mit allerhand Gerät in seine Privatsphäre eingedrungen waren. Er machte den Eindruck, als sei er in einer peinlichen Situation erwischt worden.

Mit noch leicht feuchtem Haar, Filzpantoffeln, Tennissocken, Jogginghose und T-Shirt setzte man ihn in einen elektrisch verstellbaren Ohrensessel mittig vor die ‚Bühne', während seine Gäste – unsere Zuhörer – sich in die hinteren Winkel des offenen Wohn- und Essbereichs verzogen. Seine Frau, unsere Auftraggeberin, hatte uns zuvor versichert, dass ihr Liebster glühender Metalfan sei und ihn das Geburtstagsgeschenk garantiert umhauen würde. Das wäre nicht schlimm gewesen, denn wie wir saß er ja schon. Brav beteuerte er seine Freude und Überraschung ob des ungewöhnlichen Geschenks. Nur langsam entspannten sich seine Gesichtszüge und auch der Angstschweiß, den wir zunächst für Restfeuchte vom Duschen gehalten hatten, verschwand zusehends. Wir fingen an, und nach und nach übertrug sich unsere Spielfreude auf das Geburtstagskind. Womöglich hatte es ihm am Ende sogar richtig gefallen. Ob dasselbe auch für die übrigen Gäste galt, konnten wir nicht erfahren. Die Veranstaltung war als Matinee konzipiert und so blieb noch genügend Zeit für die Rückreise am selben Tag, die wir denn auch schleunigst antraten. Wir wollten schließlich nicht ein weiteres Mal riskieren, im Siegerland eingeschneit zu werden. Angesichts des positiven Kundenfeedbacks konnten wir indes darauf hoffen, in Siegen Fuß gefasst zu haben. Vielleicht tat sich hier ja ein neuer Markt auf? Folgebuchungen aus Siegen sind bislang jedoch ausgeblieben. Das Siegerland ist weiterhin kein Malmzeit-Land – im Gegensatz zu Moldau, wo wir 2018 schon zum zweiten Mal gastierten.

Fliegen mit Gitarre ist so eine Sache. Manche Fluggesellschaften verlangen, dass man einen extra Sitz kauft, was gerade für schwäbisch-schweizerische Metal-Bands völlig indiskutabel ist. Manche wollen die Gitarre nur als Sperrgepäck im Frachtraum befördern. Jeder, der durch das Fenster schon einmal die Umgangsformen des Bodenpersonals mit dem Gepäck beobachten durfte, wird wohl eher die Gitarre auf den Rücken schnallen und sich auf einen langen Fußmarsch einstellen, als sein wertvolles Instrument diesen Grobmotorikern in die Hände zu geben. Nun fliegen leider nicht sehr viele Fluggesellschaften in die Republik Moldau, sodass die Auswahl bescheiden ist. Zum Glück befindet sich Austrian Airlines darunter. Anfragen bezüglich Gitarrenmitnahme werden stets mit einem jovialen „ha, da find 'ma scho a Platzerl" beantwortet.

Die Unterbringung in Chișinău erfolgte dieses Mal in einem familiären kleinen Hotel in einer ruhigen Wohngegend. Allerdings stellte sich „ruhig" als Trugschluss heraus: Im Gebäude nebenan befand sich die Musikhochschule, beziehungsweise die Fakultät für Blasinstrumente. Die Vorhänge und die Bettbezüge in den Hotelzimmern, die unter den Übungen der lungenstarken Studenten erzitterten, bestanden aus giftgrünen Kunstfasern. Ging man eine Weile auf dem Teppichboden umher und setzte sich dann auf das Bett, gab es stets eine elektrostatische Entladung inklusive eines in kardiovaskulärer Hinsicht nicht zu unterschätzenden Schocks. Allein, als erfahrene und abgehärtete Reisende ließen wir uns auch von solch' existenziellen Herausforderungen nicht schrecken.

Der Auftritt sollte am folgenden Tag stattfinden. Erneut handelte es sich um ein Open Air. Dieses Mal wurden wir allerdings nicht für die Treppenstufen vor einer Kunstschule, sondern für den Eingang zum Valea Trandafirilor Park aufgeboten. Anlass waren die „Public Space Days", organisiert von Oberliht. Mit Veranstaltungen wie dieser bemühen sich die ewig emsigen Künstleraktivisten, die moldauische Zivilgesellschaft zu aktivieren und zu energetisieren. Was wäre dafür besser geeignet als Heavy Metal?

Der Auftrittsort gefiel uns augenblicklich, lag der Parkeingang doch an einer stark befahrenen Straße. Die Geräuschkulisse, mit der wir da zu konkurrieren hatten, würde unseren Songs eine gewisse Neue-Musik-Komponente beimengen und damit unsere Ausflüge in den Fluxus fortsetzen. Im Gegensatz zur Soundanlage erschienen wir pünktlich zum vereinbarten Zeitpunkt. Und so begann fröhliches Zeit-Totschlagen im Park zusammen mit Rada Leu und DJ Krysl, die mit uns diese Veranstaltung bestreiten sollten. Von Krysl stammt auch die vorzügliche Fotografie auf dem Cover dieses Buches – die Band dankt! Unsere Freude war groß, als wir nach einer längeren Weile dieselben PA-Leute mit derselben PA-Anlage wie im Vorjahr erblickten.

Die Passanten, die mit ihren Kindern und/oder Hunden im Park spazieren gingen, wunderten sich, was neben der beim Parkeingang aufragenden Betonruine, die mal ein Kino hätte werden sollten, aber es nie bis zu Fertigstellung geschafft hatte, wohl vor sich ging. Und wir fragten uns, ob wohl einige von diesen Menschen neugierig genug waren, zu verweilen, um sich anzuschauen, was wir zu bieten hatten. So war jeder auf seine Weise gespannt, bis es endlich losging. Zeit war reichlich vergangen, sodass die Gäste ausreichend Gelegenheit hatten, sich mit alkoholfreien und mehr noch mit alkoholischen Erfrischungsgetränken in Stimmung zu bringen, während wir uns aus einem nahegelegenen Restaurant mit Tee-zum-Mitnehmen versorgten. Sowohl wir, das Publikum als auch das Wetter waren heiß.

Wir ließen „Albatros 747“, „Wesp“ und „Torrent Syndrome“ über das offene Areal rollen und stellten entzückt fest, dass insbesondere das ältere, schon ordentlich angeschickerte Publikum augenblicklich Gefallen am Spektakel fand. Der Applaus hätte einem jeden sozialistischen Parteitag zur Ehre gereicht und auch Earls wie immer weitschweifige, in dieser Hinsicht durchaus an die Redemarathons von Generalsekretären erinnernde Ansagen, die von der Künstlerin Catalina Bukos souverän ins Rumänische übersetzt wurden, stießen auf lautstark bekundetes Wohlwollen. Aber leider dauerte der Spaß nicht lange, denn entgegen der Einschätzung der Veranstalter reichte der angelieferte Zwei-Kilowatt-Dieselgenerator nicht aus, um unseren satten Sound in der nötigen Lautstärke unter die Leute zu bringen. Es gab immer wieder Stromausfälle, bis wir durch schrittweise Reduktion der Lautstärke den zulässigen Arbeitspunkt der PA-Anlage bestimmt hatten. Da Malmzeit sich durch äußere Umstände nicht vom Wesentlichen ablenken lässt, fuhren wir während der elektrizitätsfreien Phasen unplugged – und das bedeutete: unhörbar – fort. Oft ist ja der optische Eindruck ebenso entscheidend wie der akustische.

Nach einer Weile war das technische Problem vom patenten Technikpersonal des Vorjahres behoben worden und Songs wie „Sinister" oder „Pondering Ponderosa" konnten in angemessener Brutalität erlebt werden, nicht zuletzt von einer Gruppe Roma, die zufällig vorbeikam und spontan ein Moshpit bildete. Ein paar Studenten gesellten sich zu ihnen und tanzten mit – Metal verbindet! So leisteten wir unseren winzigen Beitrag, um die moldauische Zivilgesellschaft aus ihrer Apathie zu reißen, die sich unseren Gastgebern zufolge nach dem Ende des Sozialismus und dem darauffolgenden ermüdenden Spagat zwischen EU und Russland über das Land gelegt hatte.

Dass in Moldau eine gewisse Apathie herrschte, bestätigte sich auch im anschließenden Gespräch mit einem hochrangigen Beamten der deutschen Botschaft, der unserem Auftritt beiwohnte. Wie üblich im diplomatischen Dienst wechseln die Einsatzorte alle paar Jahre. Und normalerweise stehen die Telefone in deutschen Botschaften niemals still. Die Telefone in Moldau hingegen klingeln, so wurde uns berichtet, nicht, was den Botschafter verwundert, an seinem Schreibtisch sitzend und den Kopf in die Hand stützend, sinnieren lässt. Manchmal ruft er seinen Freund aus der französischen Botschaft an. Dann unternehmen sie etwas gemeinsam. So wie an jenem Tag, an dem Malmzeit vor dem Valea Trandafirilor Park spielte. Der französische Diplomat stellte sich als Metalfan heraus, aber trotz gemeinsamen Brainstormens fiel uns keine französische Metal-Band von internationaler Bedeutung ein. Wir einigten uns auf Voivod. Immerhin Frankokanadier. Gojira kam uns damals nicht in den Sinn. Bildungslücke – aber mittlerweile behoben.

Da wir ein ganzes Wochenende in Moldau zu verweilen geplant hatten, gab es noch ausreichend Gelegenheit für Sightseeing. Am Sonntagmorgen stand als erstes ein entspannter Spaziergang um einen künstlich angelegten See im Valea-Morilor-Park an. Dieser befand sich hinter dem Hotel in einem Tal von überschaubaren Dimensionen. Mehrspurige mondäne Treppen aus marmorartigem Gestein

Abb. 28: Metal ist nicht alles: Sightseeing in Chișinău.

führten hinab. Auf der Mittelspur waren diverse Wasserspiele und Springbrunnen angebracht, deren Anblick dem Betrachter zur Erbauung gereichen sollte (▶ Abb. 28). In Zeiten des real existierenden Sozialismus dienten Monumente, Statuen und großzügige Plätze der Kontemplation und mehr noch der Admiration dessen, was das allzeit glückliche Kollektiv zu leisten vermochte. Im Gegensatz zu sakralen Kathedralen, die bekanntlich durch räuberische Erpressung und Ausbeutung finanziert wurden, waren diese säkularen Kathedralen der Werktätigen durch freiwillig-freudvolle, gemeinschaftlich-solidarische Arbeit errichtet worden. So jedenfalls die Theorie. Und an Wochenenden erfreuten sich die Arbeiter in Ermangelung internationaler Reiseziele daran. Somit besitzen sonnige Sonntage an postsowjetischen Orten eine seltsame Heiligkeit, wie sie nicht einmal Wallfahrtsorte im katholischen Bayern aufweisen. Da traf es sich gut, dass wir Gelegenheit hatten, einen bedeutenden lokalen Verleger, Politiker und Autor kommunistischer Literatur in seinem

Haus zu besuchen. Im Hinterhof ließen wir uns in die verlegerische Tätigkeit des in der moldauischen Politik bestens vernetzten Strippenziehers einführen. Es schien uns gewiss, dass, wenn alles durch- und überschauende Menschen wie er nur das Ruder übernähmen, das Neue Jerusalem sich sofort herabsenken werde auf das irdische kapitalistische Jammertal.

Nach dem Spaziergang und der obligatorischen Protein-Aufnahme im sehr zu empfehlenden folkloristischen Fastfood-Franchise „La Placinte" ging es ins Heimatmuseum zur Erweiterung unseres Wissens über die Welt im Allgemeinen und die moldauische Welt im Speziellen. Unerreicht sind die psychedelischen Wandgemälde in der geologisch-paläontologischen Abteilung. Keine Covergestaltung von Prog-Rock-Bands der 70er-Jahre oder Fantasy-Metal-Bands jüngeren Datums reicht an sie heran. Das ist im Übrigen ebenso ernst gemeint wie unsere Wertschätzung der „Placinte"-Restaurants und überhaupt unser Interesse an Städten wie Chișinău. Kulturchauvinistische Spötteleien über Osteuropa und insbesondere Moldau, das im Laufe der Jahrhunderte zum Spielball aller möglichen Mächte und Imperien wurde, liegen uns fern. Gerade Earl ist im Laufe der Jahre zu einem echten Chișinău-Fan geworden und hat mit seiner kurzlebigen Zweitband The Silver Ants gar einen Song über eine Liebesgeschichte in der moldauischen Hauptstadt komponiert: „Stuck on Love".

Da manche osteuropäischen Länder im Verdacht stehen, es mit Steuern und Abrechnungen nicht zu ernst zu nehmen, was den jeweiligen Profiteuren bei politisch drehendem Wind durchaus zur Last gelegt werden kann, war es Vladimir Us von Oberliht sehr wichtig, dass alles mit rechten Dingen zuging. Zumal für unsere Veranstaltung auch Gelder aus der staatlichen Kulturförderung verwandt wurden. Das offizielle Zahlungsmittel von Moldau ist der Leu. Mit damals 1 € zu ca. 20 Leu ergab das einen recht ordentlichen Stapel Geld für unsere Auslagen, die sich im Bereich von zweieinhalb durchschnittlichen moldauischen Monatslöhnen bewegten. Wir beschlossen, das Geld noch vor Ort in einer Bank in Euro umzutauschen. Für uns an Kreditkarten, Online-Banking und bargeldlosen Zahlungsverkehr gewöhnte Mitteleuropäer scheinen die Zeiten, in denen man wahrhaftig eine Bank betreten hatte, eine Ewigkeit zurück zu liegen. Deshalb wissen wir nicht, wie es zurzeit in deutschen oder schweizerischen Bankfilialen zugeht. Der Besuch einer moldauischen Bank jedoch war ein Erlebnis, das einen sofort in die 70er- oder 80er-Jahre zurückversetzte. Computer gab es keine. Dafür jedoch jede Menge Papierstapel und Bürozubehör. Es wurde fleißig gelocht und geklammert. Gestempelt, gefaltet und abgerissen. Kopiert, ausgedruckt, wiederum gefaltet und nochmal abgerissen. Abgeheftet, geprüft und übertragen. Am Ende der Geheimprozedur stand tatsächlich die Auszahlung in Euro. Der Stapel in dieser Währung war nun leider nicht mehr so groß. Das war uns aber egal, die „Public Space Days" waren nicht als Gewinnmaximierung, sondern als lehrreicher Wochenendausflug mit Spesenrückerstattung angelegt gewesen. Außerdem basiert das Bandunternehmen auf einer Art Mischkalkulation. Auftritte mit geringer Gage und Auftritte mit hoher Gage wechseln sich ab wie die Jahreszeiten.

Da kam es ganz gelegen, dass im selben Jahr noch eine Bestellung aus der deutschen Industrie für die Ausgleichsfinanzierung sorgte. Die Firma Vector Informatik, bei der, nebenbei bemerkt, Sumatra Bop seiner Erwerbstätigkeit nachgeht, feierte ihr 30-jähriges Bestehen. Um dieses Ereignis gebührend zu würdigen, wurde eine Riesensause im Hauptsitz in Stuttgart-Weilimdorf anberaumt. Das international tätige Unternehmen ließ sämtliche Mitarbeiter aus den weltweiten Niederlassungen einfliegen. Ganze Hotels waren gebucht worden, wurden doch um die 2.000 Gäste erwartet. Verschiedenste musikalische Darbietungen sollten auf mehreren über den Campus verteilten Bühnen stattfinden.

Unser Auftritt war für die sogenannte „Sky Lounge" geplant. Man könnte auch sagen: für die Dachterrasse. Im Vorfeld wurde sogar die Tee-Geschirr-Konfiguration besprochen und eigens passende Tassen sowie eine Kanne angeschafft. Der Publikumsandrang war enorm (▶ Abb. 29). Vermutlich waren viele Kollegen und Kolleginnen, denen Sumatra auf seinen Geschäftsreisen in die USA, nach Indien und Südkorea leibhaftig begegnet war, daran interessiert, zu sehen, womit er typischerweise seine Freizeit verbrachte. Ständig strömten die Massen nach und der Tee-Nachschub brach ab. Es gab schlicht kein Durchkommen für die zuständige Servicekraft. Besonders dramatisch: Pünktlich zu unserem Auftritt schoben sich wie zur meteorologischen Verstärkung unseres Œuvres dunkle, bedrohliche Wolken vor die untergehende Sonne und es begann zu regnen. November-Rain-Stimmung machte sich breit. Es fehlten nur Torte, Braut und November. Die Leute suchten Schutz unter dem Vordach, aber der Platz war limitiert. Und so wurde es noch enger. Bei „Symphony of Distraction" kamen taktgenau Blitz und Donner hinzu. Eine größere Show hatten nicht mal Pink Floyd mit ihrem aufblasbaren Zeugs, das sie durch die Luft fliegen ließen.

Abb. 29: Keine Angst vor *Corporate Culture*: Malmzeit beim Firmenjubiläum.

Aber nicht nur die Firma Vector feierte in diesem Jahr Jubiläum, sondern auch wir selbst. Es galt, unser 15-jähriges Bestehen opulent zu zelebrieren. Als Veranstaltungsort wählten wir die „Rakete" in Stuttgart. Dies ist ein dem „Theater in der Rampe" angegliederter Raum mit Bar, den Andreas Vogel mit Konzerten und anderen Veranstaltungen bespielt. Wir luden alle ein, die wir kannten, und flogen unser drittes Mitglied der ersten Stunde, Maciek Lubieniecki, aus Polen ein, wo er nach seinem Malmzeit-Abstecher wieder als Leiter des Danziger Kosakenchors wirkt. Nach einem kurzen Briefing durch Sumatra Bop, denn inzwischen wurden die Beats längst nicht mehr über einen Taschen-CD-Spieler abgerufen, sondern über ein Smartphone, war man bereit, zwecks Protein-Aufnahme eine nahe gelegene Gastwirtschaft für asiatische Küche aufzusuchen. Dort konnten wir in aller Ruhe in Erinnerungen schwelgen und neueste Entwicklungen erörtern. Mit von der Partie war der Künstler Shaotong He, der uns dieses Mal filmen sollte (und das auch gekonnt tat). Den Abend hatten wir als Reminiszenz an „Ein Kessel Buntes" geplant. Mit Gewinnspielen, Lyriklesung, Retrospektive in Form eines Lichtbildvortrages und dergleichen mehr. Verlesen wurden unter anderem Sumatra Bops Werk „Märchen I" sowie Earl Greys Ausflüge in die Komparatistische Poesie. Da sie im Videomitschnitt nicht dokumentiert sind, geben wir zwei unserer Perlen hier wieder:

Märchen I (Sumatra Bop)

Holle
Hölle
Pechmarie
Schwarzmagie
Und der Frühling ward nie wieder gesehen

Unbetitelt (Earl Grey)

verzerrt
verzerrter
verzerrer

stark
stärker
verstärker

Endlich wurden wir auch unser am Anfang dieses Buches erwähntes Wetterhäuschen los. Es handelte sich um ein handelsübliches Exemplar *made in Germany*, bei dem eine männliche Figur gutes und eine weibliche Figur schlechtes Wetter verkündeten – der Wohnsitz des offenbar kinderlosen Paares wurde somit in einer versunkenen Epoche errichtet, als man es mit der politischen Korrektheit nicht ganz so genau nahm und in der noch binäre Geschlechterbilder tonangebend waren. Heute müsste nicht nur der toxische Mann vom sauren Regen künden, nein, das Häuschen müsste ein vielfiguriges Geschlechterkarussell enthalten, was der tatsächlichen Vielzahl der Wettermodalitäten ja durchaus gerecht würde. Solchen Fortschritt begrüßen wir aus meteorologischer Sicht ausdrücklich. Erworben hatten wir das Häuschen in unseren Anfangstagen als Hauptgewinn für ein Preisausschreiben, das wir auf unserer Internetseite veranstalteten und an dem in über 15 Jahren niemand teilgenommen hatte. Konkret ging es darum, den von uns verehrten Wettermoderator Uwe Wesp zu einem Auftritt mit uns zu bewegen. Wem es gelang, sollte das Häuschen erhalten. Nun ging es an eine Frau aus dem Publikum, die es vermochte, bei unserer Zuschauerbefragung die Raumtemperatur annähernd korrekt zu schätzen. Zwischen Attraktionen wie dieser spielten wir ab und zu ein Lied. Es war ein voller Erfolg. Das dicht gedrängte Publikum, darunter viele Fans der ersten Stunde, ließ uns nicht gehen, bevor nicht auch der letzte Song aus dem Smartphone abgefeuert worden war. Nach über drei Stunden kam der Veranstalter zu uns auf die Bühne, legte die Schlüssel auf den Tisch und meinte, dass er jetzt gehen müsse, wenn er den letzten

Bus noch erwischen wolle. Wir sollten das Licht ausmachen und die Anlage ausschalten.

Ohne Zweifel war es ein intensiver Abend in der Hitze des Scheinwerferlichts und der Darbietung unseres gesamten aktiven Repertoires, des Wiedersehens mit Maciek und des Feierns mit Freunden. So war denn auch die von atmosphärischen Fotografien (Steffen Schmid) begleitete Rezension einer gewissen „Madame Psychosis" auf *gig-blog.net* voll des Lobes. Gerade auf der genderqueeren Ebene konnten wir bei der Autorin punkten:

> „Ich habe mich sehr gut unterhalten gefühlt und habe einiges dazu gelernt, z. B. die korrekte Aussprache von Chișinău (Kischinau) und wieviel Fahrenheit 23 Grad Celsius entspricht (ungefähr 73). Genretypisch unterstellter, doofer Sexismus ging praktisch gegen Null (einmal komische Anspielung zu Claudia Kleinert aus dem Publikum). Der Zauber des Metal an sich bleibt mir allerdings weiterhin verschlossen, da kann aber Malmzeit nichts dafür. Denn wer nach eigenen Angaben ‚Feenstaub' (<3) im Sounddesign einsetzt, hat auf jeden Fall verstanden, um was es bei Musik geht, Genre egal."

2019
Im Heavy-Metal-Tee-Salon

Nachdem wir 15 Jahre alt geworden waren, schien es uns nur gut und recht, mal wieder eine Pause einzulegen. So beschränkten wir uns denn auf ein paar hier nicht weiter erwähnenswerte Privatbuchungen und zwei öffentliche Auftritte in unserem *Heartland*, der baden-württembergischen Hauptstadt Stuttgart. Beide fanden aus Gründen der Effizienzsteigerung und der Ressourcenschonung im Februar statt. Zunächst waren wir, nach ziemlich genau 15-jähriger Pause, wieder einmal ins *Freie Radio für Stuttgart* eingeladen, wo unser größter Fan, Andreas Bär, die Sendung „Bär on Air" hostet. Diesmal bespielten wir jedoch die Reihe „radioSCHAUen #45 – Ihre Ohren werden Augen machen! Live-Sendung im Foyer des FRS und On Air auf 99.2". Bei diesem unserem zweiten Auftritt im *Freien Radio* sollte es, im Gegensatz zum eher improvisierten Einstand von 2004, technisch höchst präzise, kontrolliert und professionell zugehen. Doch auch der Weg zu diesem Konzert war pannengesäumt, ganz zu schweigen davon, dass wir eines unserer grottigsten Sets überhaupt spielten. Gottlob waren und sind wir mit unserer Stilbezeichnung „Trash Metal" stets auf der sicheren Seite.

Auch hinter unserem Gastspiel wenige Tage später steckte Bär, diesmal im Verbund mit seiner ebenfalls kunstschaffenden und motorradfahrenden Frau Elin Doka. Die beiden betrieben – und betreiben unseres Wissens weiterhin – einen Kunstraum im aufstrebenden Stuttgarter Osten, wo sie allerlei Kunstgrenzensprengungsmaßnahmen vornehmen. Unter anderem hat sich der „Projektraum Ostend" bereits in ein Spielcasino, ein Immobilienbüro und ein Bestattungsinstitut verwandelt. Nun sollte er zum „Heavy-Metal-Tee-Salon" werden – und wurde es auch. Das Gastgeberpaar beherbergte uns mit größter Fürsorglichkeit. Am Ostende des „Projektraums Ostend" hatte es eine kleine Bühne inklusive Tischgedeck installiert, auf der wir, unser Kiribati-Banner im Hintergrund, Platz nahmen. Der Anlass war gut besucht und wir demonstrierten an diesem Abend, dass wir, wenn wir in Stimmung sind und die äußeren Umstände es begünstigen, durchaus auf Kreator-Niveau spielen können. Diese Behauptung lässt sich sogar beweisen, schnitt Hansi, aka Mista Tic, das Konzert doch auf souveräne Weise mit einem modernen digitalen Mehrspurgerät mit. Immer, wenn Earl bei einem seiner Stuttgart-Besuche Hansi trifft, fragt dieser, ob Earl die Aufzeichnung mittlerweile durchgehört habe und Earl entgegnet, nein, das habe er nicht, man habe ja noch Zeit im Leben. Metal(l) ist geduldig.

Vielleicht sollten wir darüber nachdenken, mit unserem Kleinstunternehmen auf den Entschleunigungstrend aufzuspringen und uns in Abgrenzung zum Speed Metal als „Slow Metal" zu branden. Wir komponieren im Schnitt anderthalb Songs pro Jahr, spielen im Schnitt zwölf Konzerte pro Jahr und sind, wie uns Ministerialdirigent a. D. Clostermeyer 2017 darlegte – man solle das keinesfalls missverstehen! –, auf liebenswert württembergische Weise „maulfaul", was die Sprechgeschwindigkeit bei unseren Ansagen betrifft. Aber natürlich hat dieses Re-Branding Zeit. Nur nichts überstürzen. Es ist nicht unrealistisch, dass wir, steten Teekonsum und regelmäßige Dehnübungen vorausgesetzt, weitere 20 Jahre auf den Bühnen zwischen Luxemburg und Moldau sitzen werden. Warum jetzt schon alle Ideen verfeuern? Eine *Note to Ourselves* wäre hiermit jedenfalls angelegt.

Da es über das Liefergewerbe im Jahre 2019 nichts weiter zu berichten gibt, beschließen wir den Rückblick auf dieses Jahr mit ein paar Einblicken ins Private. Dort ging alles seine üblichen verwinkelten Gänge. Earl Grey diskutierte im Luzerner „Konzerthaus Schüür" über Extreme Metal und trieb sich auf dem Monte Verità herum, wo er die schweizerische Nationale Arbeitsgemeinschaft Suchtpolitik mit den feinen Unterschieden zwischen Selbstoptimierung und Selbstperfektionierung vertraut machte. Sumatra zog sich zur Sommerfrische ins Baltikum zurück, wandelte auf den Spuren Thomas Manns auf der Kurischen Nehrung und verfasste in einer Datscha in der litauischen Provinz die ersten Entwürfe seines Debutromans, den vermutlich niemals jemand zu lesen bekommen wird.

2020
Von Malmzeit zu Malmstein

Das Jahr 2020 begann wie jedes Jahr. Auf einen ersten Januar folgte ein zweiter. Von „Zeitenwende" keine Spur. Dabei sind Pandemien im Grunde die erwartbarsten, banalsten aller Krisen – Metalheads wissen das zum Glück aus jahrelanger Selbstschulung durch katastrophensattes Songmaterial. Lieder wie Slipknots „My Plague", Disturbeds „Down With the Sickness" oder Slayers „Epidemic" zeugen davon, dass das Frühwarnsystem „Metal" bessere Dienste leistet als so manche Staatsbehörde. Dass Slipknot, Gwar und zahlreiche Black-Metal-Bands überdies seit Jahrzehnten ganz selbstverständlich mit Masken auftreten, spricht für sich. Heavy Metal ist die wohl einzige Spielart der Popmusik, die verantwortungsbewusst, geschichtskundig und kontinuierlich auf Krisen aller Art vorbereitet. Feelgood Pop macht uns glauben, es werde schon nix passieren; außer ein bisschen Herzschmerz und ein paar Geldproblemen. Heavy Metal hingegen ist der Crash-Prophet der Popkultur. Mit seinen comichaft überzeichneten Songs über alle nur erdenklichen Übel, Nöte und Plagen warnt er die Fans beständig davor, dass es mal wieder richtig ungemütlich werden könnte. Monster! Mord! Bomben! Schleim! Zombies! Schlachten! Seuchen! Ausbeutung! In der Frühphase der Corona-Krise 2020 kursierten im Internet entsprechend zahlreiche Playlists mit schwermetallischen Seuchensongs, etwa „Crush Coronavirus by Washing Your Hands to These Rock + Metal Songs" des Magazins *Loudwire*. Kurz gesagt: Wir wussten zwar nichts vom Kommen der wahlweise aus chinesischen, amerikanischen, russischen oder freimaurerischen Laboren stammenden Pandemie, doch als Metaller waren wir innerlich parat.

Weil die westlichen Konsumkulturen eine lange Phase des Wohlstands, des Friedens und der relativen Seuchenabstinenz gewohnt waren, werden vergangene Ereignisse dereinst wohl in „vor Corona" und „nach Corona" eingeteilt werden, ähnlich wie die jüngere Vergangenheit in eine alte, graue Vorkriegszeit und eine bunte, moderne Nachkriegszeit eingeteilt wird – mit Blick auf die Pandemie wird das wohl unter umgekehrten Vorzeichen geschehen. Wie die Nach-Corona-Zeit einmal empfunden werden wird, werden wir aber erst in der Zukunft wissen. Für Malmzeit jedenfalls war die unmittelbare Vor-Corona-Zeit eher bunt, wenn nicht gar verheißungsvoll.

Das Jahr zählte noch nicht mal acht Wochen und wir hatten schon drei Auftritte auf unserer Liste. Darunter befand sich erfreulicherweise mit dem „Antichambre" in der Berner Altstadt auch Neuland für uns. Geldgeber und Sponsoren eines Buchprojektes sollten dort für ihre Gönnerschaft mit schwerer metallischer Kost belohnt werden, als Gastgeberin fungierte Juliane Wolski. Man reichte Cocktails für die Gäste und stellte aus irgendwelchen Gründen eine Hotdog-Maschine vor das einstige Ladengeschäft auf die Straße. Ob wir es waren oder ob die Würste den einen oder anderen Laufkunden anzogen, vermögen wir nicht zu sagen. Der milde Winter spielte uns auf alle Fälle in die Hände, und so konnten wir trotz geöffneter Tür unsere Instrumente ohne Handschuhe bedienen. Neben den Gönnern wohnte auch die Schweizer Rock 'n' Roll-Legende Reverend Beat-Man aka Beat Zeller unserem Konzert bei. Als Solo-Künstler ist er gar noch minimalistischer unterwegs als wir. Bei Würstchen, Tee und Bier plauderten wir mit ihm über seine jüngste Vietnam-Tour und er beantwortete unsere Fan-Fragen mit der Bern-typischen Bedächtigkeit. Diese äußert sich unter anderem darin, dass Berner mitunter kurz innehalten, in sich hineinhören, reglos dastehen und *nachdenken*, bevor sie antworten – in vielen Regionen Deutschlands undenkbar.

Eine Reise in die Fremde sollte stets auch für anderes als den eigentlichen Zweck genutzt werden, um den ökologischen Fußabdruck so klein wie möglich zu halten. Sumatra Bop nutzte den Aufenthalt denn auch für ausgiebiges Klamotten-Shopping in den feinsten Boutiquen der Altstadt. Neue Hemden, nicht zuletzt für eine seriöse Bühnenpräsenz, mussten angeschafft werden. Nun könnte man anmerken, dass es doch für Ausländer in der Schweiz unglaublich teuer wäre und die Hemden, die in Bern erstanden werden können, genauso aus Billiglohnländern stammten wie die in Berlin. Aber Sumatra liebt das Antizyklische. Außerdem musste der Schweizer Einzelhandel unterstützt werden, da viele Einheimische für ihre Großeinkäufe ins benachbarte Ausland ausweichen, welches in der gesamten Schweiz nie besonders weit weg ist.

Im Februar stand eine große Zürich-Tour auf dem Programm. Zunächst traten wir im „Schönegg Varieté" in der Schöneggstrasse mit dem Tee-Zeremonienmeister Simon Trüb auf. Sein Arrangement der Tässchen und Kännchen war bis ins letzte Detail ausgeklügelt und beanspruchte mehr Zeit zur Vorbereitung als unser Soundcheck (▶ Abb. 30). Trotzdem blieb noch genug Zeit für ein Fachgespräch unter Teefreunden. Man beklagte gegenseitig die Tatsache, dass man in öffentlichen Cafés sehr selten Tee in ausreichend hoher Qualität serviert bekäme, dass dies aber letztendlich verschmerzbar sei. Wolle man guten Tee trinken, so mache man dies eben zu Hause – an dem Ort, wo man gemeinhin auch Heavy Metal, die Musik der Innerlichkeit und der Innenräume, hört. Nicht auszudenken, was mit der Tee-Kultur geschähe, würde ihr dieselbe Aufmerksamkeit zuteil wie etwa den zu Tode beworbenen Waren Wein, Kaffee, Schokolade oder Gin, einer doch eher minderwertigen Spirituose aus größenwahnsinnigen Wacholderbeeren. Nein, man wolle doch lieber unter sich bleiben und die Exklusivität genießen.

Abb. 30: Auftritt mit Tee-Zeremonienmeister Simon Trüb in Zürich.

Nachdem die in einem unscheinbaren Bürogebäude untergebrachten Varieté-Räume durch den Veranstalter ordentlich durchgesaugt worden waren und man die Getränkeausgabe vom von Kaffee und anderen Heißgetränken dominierten Tagesbetrieb auf den rauschorientierten Abendmodus umgestellt hatte, konnte es losgehen. Wohl jenen unter den Zuschauern aber, die nicht vorschnell ihre Geschmacksknospen durch Bier und Wein betäubt hatten! Denn zu den einzelnen Malmzeit-Liedern, die wir in tiefen Ledersesseln fläzend vor einem abstrakten Wandbehang darboten, wurden durch Simon die erlesensten Tee-Spezialitäten gereicht, deren Eigenheiten er jeweils fachkundig erörterte. Wir erinnern uns noch gerne an einen Oolong chinesischer Herkunft sowie an Tee von einem tausend Jahre alten Baum. Und so sah die vorab mit Simon erstellte Setlist aus:

1. „Yiwu“ (Pu-Erh, von 300 Jahre alten Bäumen, Jg. 2008)
   Honig, schöne Holznote, ausgebaute Reife, feine Blume, klarer Duft
   - WESP
   - CELSIUS
   - SINISTER
2. „Alishan“ (Hochland-Oolong)
   Wunderschön duftende Blume, zart, weich im Mund, lieblich, elegant
   - REAL LEATHER UNDERPANTS
   - PONDERING PONDEROSA
   - CLAUDI SKIES
3. „Lao Ma E Shou“ (Pu-Erh)
   künstlich postfermentiert, sehr starke Reife, leicht bitter, würzig, ausgeprägter Charakter
   - SKIES OF THE EXTREME
   - TORRENT SYNDROME
   - SYMPHONY OF DISTRACTION

Zugaben:

- ALBATROS 747
- A MILLION CUPS OF TEA AND THUNDER

Passend zum fernöstlichen Teegenuss hatte Sumatra Bop das Vergnügen, zwei Tage lang in dem streng nach zen-buddhistischen Prinzipien eingerichteten Zürcher Mansarden-Zimmerchen Earl Greys zu wohnen (▶ Abb. 31). Die Einrichtung bestand aus einem leeren Wandschrank, einer Matte zum Schlafen, einem Wasserkocher, Grüntee unbekannter Herkunft sowie einem Weinkühler des Vormieters, den Earl zum Magerquarklager umfunktioniert hatte. Hier verbrachte er die Abend- und Nachtstunden, wenn er vom Tagwerk zu müde war, um in den Hochsteuerkanton Bern zu pendeln.

Abb. 31: Earl Greys nur mit dem Allernötigsten ausgestattete Klause in Zürich.

Am nächsten Abend ging es für den zweiten Teil der Zürich-Tour ins besetzte Koch-Areal, vermittelt von der geschätzten Rada Leu. Wie wir schon mehrfach am eigenen Leibe erfahren durften, wird man in den besetzten Arealen Zürichs hervorragend bewirtet, wenn auch zumeist fleischlos oder gar vegan. So auch dieses Mal. Wichtiger als der Soundcheck, und ob und wo welches Kabel noch zu besorgen sei, war die Frage, wann wir denn mit dem Soundcheck fertig sein würden. Also, wann *genau*. Man würde dann mit dem Essen beginnen wollen. Unsere wiederholte Antwort, wir seien gleich so weit, es handle sich um Kunst, die auf komplizierten technischen Voraussetzungen beruhe, man könne nicht exakt prognostizieren, wann und wie und so weiter und so fort, schien die Ungeduld der Veranstalter nur zu steigern. Während (rechts-)konservative Medien von „Chaoten" sprechen, wenn sie über die sogenannte „linke Szene" berichten, ist unsere Erfahrung eine andere: Die Szene, zumindest in Zürich, ist mitnichten chaotisch, sondern überaus gut organisiert und an einem geregelten Ablauf der Dinge interessiert. Offenbar haben sich hier die syndikalistischen Strömungen des Anarchismus durchgesetzt. Das ist nur logisch, erfordert doch der Widerstand gegen die bürgerliche Kultur Disziplin und Organisationskompetenz. Gegessen wird folglich um 19:30 Uhr. Punkt. Und so geschah es denn auch.

Das Konzert selbst fand auf einer Bühne statt, die biedermeierlicher nicht hätte sein können. Die Veranstalter erwiesen sich als versiert im Bereich „subversive Affirmation" und bewarben unseren Auftritt mit dem Bild eines Brautpaares sowie dem darauf vermerkten Untertitel „mit Tee & Kuchen" (▶ Abb. 32). Den Aufführungsort richteten sie mit dem spießigsten aller Zimmergrüne her und hängten ein gerahmtes Gemälde, das eine tierwohlkonform gehörnte Kuh darstellte, über unser mit floralen Ornamenten verziertes Sofa. Der Auftritt in der Besetzer-Hochburg sollte unser letzter Live-Auftritt des Jahres werden. Bald entbrannte in den Antifa-Gruppen Europas ein Streit darüber, ob Corona nur eine *False Flag* von Großkapital und *Big Pharma* sei, oder ob es in der Pandemie die Probe aufs Exempel linker Solidarität mit den Vulnerablen zu bestehen gälte. In jedem Fall blieben die Bühnen leer und der Lieferservice zuhause.

Abb. 32: Flyer zum Auftritt im Zürcher Koch-Areal.

Als es im März mit den wahlweise als Lockdowns, Shutdowns, Kontaktbeschränkungen oder *Social Distancing* betitelten Maßnahmen losging, verfielen wir, als seit jeher unternehmerisch denkende und handelnde (Exil-)Schwaben, nicht in Apathie. Vielmehr nahmen wir uns einen Tweet des Journalisten Nils Markwardt zu Herzen:

> „Wer in den nächsten 5 Wochen nicht per Fernkurs Mandarin, Isländisch und Suaheli lernt, sich Harfe spielen beibringt sowie das Modul ‚Makroökonomik II' abschließt, ist dann natürlich auch n bisschen selbst schuld. Jetzt zeigt sich, wer das Mindset eines Machers hat, klar."

Mochte auch ein klitzekleines bisschen Ironie in diesen Zeilen stecken, so zweifelten wir doch keine Sekunde daran, dass die Krise unverzüglich als Chance begriffen werden musste – das waren wir dem Fortbestand unserer innovationsbasierten Zivilisation schuldig! Gerade Kunst und Kultur, die in der Pandemie von den Machthabern als erste geopfert wurden, während in den Fabriken weiter Quietscheentchen, Kondome mit Erdbeergeschmack und Bierdosen vom Band liefen, durften nun nicht in Resignation verfallen. Dafür wollten wir mit unserem guten Namen einstehen, dafür wollten wir als Vorbild vorangehen, dafür wollten wir ein Zeichen von eherner Wucht setzen.

Bei einer Wanderung – als quasifamiliäre Kleingruppe sogar einer legalen – durchs schweizerische Juragebirge stellten wir, als wir uns im Örtchen Les Enfers vermittels einer erfreulich stabilen Smartphone-Verbindung über die geologischen Verhältnisse kundig machten, erstaunt fest, dass wir, Malmzeit, auf Malmstein standen. So nennt man die oberste, hellgraue bis weiße Kalkschicht des schweizerischen und vermutlich auch nicht-schweizerischen Jura (letzteres haben wir nicht nachgeschlagen). Ebendiese geologische Schicht inspirierte uns zu einer folgenreichen Entscheidung: Da uns unser Lebenselixier, das Konzertieren, bis auf Weiteres verwehrt bleiben würde, Malmzeit aber gemäß „Konzept" seit 2005 keinerlei Tonträger produzieren darf, entschlossen wir uns, eine unabhängige Tochterband zu gründen, die sich auf authentische Coverversionen von Malmzeit-Songs spezialisieren und Aufnahmen davon verfertigen sollte. Diese Coverband sollte einzig aus Mitgliedern der Band Malmzeit bestehen, also aus uns, sie sollte Malmstein heißen und wir, also sie, die Malmstein-Musiker, sollten die Namen Fancy Formosa (Gitarre/Beats) und Milky Matcha (Bass/Kehle) tragen. Die Tricksereien des Großkapitals, was das kreative Umgehen von Regeln betrifft, hatten wir als autonome Kleinstkapitalisten schon lange drauf. Zudem erhofften wir uns, eine neue Einnahmequelle zu erschließen: Wenn Malmstein Malmzeit coverte, müsste erstere GEMA- und/oder SUISA-Gebühren an letztere, also an uns, abführen – gerade in Krisenzeiten ein willkommenes Zubrot!

Fancy Formosa und Milky Matcha machten sich daran, eine Auswahl der besten bislang nur live erprobten sowie während der Pandemie frisch komponierten Malmzeit-Songs zu treffen, um sie auf digitale Medien zu bannen. Die Wahl fiel auf „A Million Cups of Tea & Thunder", „Below Zero", „Busy in the Blizzard", „Claudi Skies", „Chilling Fields", „Pondering Ponderosa" und „Against White Dogs in Burning Cities". Fancy erwarb eigens ein Handbuch und arbeitete sich in die Kunst des Plattenproduzierens ein, Milky erweiterte sein Homerecording-Arsenal. Die Betätigung im Homeoffice, der beide damals nachgingen, gereichte ihnen dabei zum Vorteil. Nun bestand die Herausforderung darin, Malmzeit mit Malmstein möglichst authentisch zu imitieren. Dabei stellten sich diverse Herausforderungen; unter anderem diejenige, dass die Malmzeit-Beats nicht systematisch erstellt werden und schon gar nicht einer einheitlichen Logik folgen, was die Art der einzelnen Schlagzeuginstrumente und die jeweiligen Lautstärkenverhältnisse betrifft. Diese anarchischen Klangpakete mussten im Mix adäquat wiedergegeben werden. Das ganze Jahr und das Folgejahr über wurden Spuren eingespielt, hin- und hergemailt, eingepflegt, verschoben, beschnitten, komprimiert, bis endlich ein akzeptables Resultat erzielt worden war. Flugs wurden auch ein Bandfoto (▶ Abb. 33) und eine Bandinfo erstellt, die

die kommenden Ereignisse der Bandgeschichte selbstbewusst vorwegnahm – ausschließlich auf Englisch, denn als *Recording Artists* zielten Malmstein von Beginn an auf den internationalen Markt:

> „MALMSTEIN is a unique HEAVY META duo. Founded in 2020 in the Swiss Jura mountains, the band exclusively plays cover versions of the unique German heavy me(n)tal delivery service MALMZEIT. FANCY FORMOSA (guitar/beats) and MILKY MATCHA (throat/bass) have quickly gained an international following for faithfully reproducing MALMZEIT's legendary TRASH METAL while raising it to hitherto unheard THRASH levels. Whereas MALMZEIT only play seated and neatly dressed, MALMSTEIN prefer genuine thrash WAR-DROBES and perform STANDING 'til the very last powerchord. In 2021, MALMSTEIN released their first digital EP HEAVY META – seven mind-blowingly authentic MALMZEIT tunes from the last ten years. HEAVY META offers a BREATHTAKING opportunity to listen to MALMZEIT cult songs on record for the first time – after all, MALMZEIT hardheadedly refuse to put out any records or post their music on streaming services, thus continuing to serve as the world's last live-only band."

Abb. 33: Wegen Corona: Malmzeit gründet die Malmzeit-Coverband Malmstein.

2021 Winterthur is coming

Am Neujahrstag meldeten wir uns wie üblich bei der Kundschaft mit einer Videobotschaft voller Hoffnung und Zuversicht. Auf Corona sei man, so Earl in seiner Ansprache, im Hause Malmzeit alleine schon in struktureller Hinsicht bestens vorbereitet gewesen:

> „Malmzeit hat den Metal seit jeher coronakonform gespielt: Wir sind ein Zwei-Haushalts-Metal-Duo; eine gewöhnliche Metal-Band besteht ja aus vier bis fünf Haushalten. Das heißt, wir konnten eigentlich das ganze Jahr über an unseren Songs arbeiten, feilen, verfeinern, und stehen natürlich auch im Corona-Jahr 2021 für Ihre Privatbuchung zur Verfügung – wir halten sämtliche Mindestabstände ein, wir spielen auch bei starkem Luftzug in Ihrem Privatkabäuschen."

Gemütlich auf Earls Couch sitzend, boten wir sodann unseren Song „Pondering Ponderosa" unplugged und unbemaskt als Neujahrsgruß dar. So nahm das Corona-Jahr seinen Lauf und Malmstein bald schon ihre Coversongs auf.

Während Querdenker und Qualitätsmedien in einer bizarren Symbiose zu leben begannen; während eigentlich obrigkeitskritische Linke gar nicht genug Obrigkeit bekommen konnten und eigentlich autoritätshörige Rechte sich als Rebellenverein inszenierten; während allerorts Kulturkämpfe und Stammeskriege ausbrachen, hielt Malmstein als Hüter des Normalzustands die Fahne Pjotr Kropotkins hoch: „Während die Krieger sich gegenseitig ausrotteten und die Priester ihre Gemetzel segneten und feierten, während dessen setzten die Massen ihr tägliches Leben fort, gingen ihrer täglichen Arbeit nach", schrieb der adelige Anarchist in seinem Buch *Gegenseitige Hilfe* (1902).

Das „tägliche Leben" und die „tägliche Arbeit" bestanden für Milky Matcha und Fancy Formosa darin, möglichst tief in den Malmzeit-Kosmos einzutauchen, sich in die Songs des Duos einzufühlen, sich

Sumatra Bops und Earl Greys Spieltechniken wie auch Ausdrucksschrullen so perfekt wie es nur ging anzueignen, um Malmzeits Werk exakt wiedergeben zu können. Denn das war ja das erklärte Ziel von Milky und Fancy: Nicht eine jener Coverbands zu werden, die durch originelle „Interpretationen" ihrer Helden zu deren Kreativitätsstatus aufzuschließen versuchen. Vielmehr galt es, sich vor den Vorbildern zu verneigen und den Kammermetal weiterzugeben, statt zu revolutionieren.

Nachdem Milky und Fancy sich auf dem Malmzeit-Terrain sicher genug fühlten und die Beats arrangiert worden waren, ging es an die praktische Umsetzung der Aufnahmen. Fancy Formosa zeichnete in Schwaben Beats, Gitarrenspuren und Spezialeffekte auf, Milky Matcha in der Schweiz die Bassspuren. Für die Stimmaufnahmen begab er sich auf Anraten des etwas nostalgisch gewordenen Earl Grey ins Bad Cannstatter Studio „Favoritenpark" – jenen Ort, an dem Malmzeit zu Beginn ihrer Karriere geprobt und ihre krachend gescheiterte EP *Kiribati* eingespielt hatte. In den Kellerräumen erwartete ihn kein anderer als Tonmeister Niko Lazarakopoulos, der Earl 2003 als Stand-In beim Sans-Cherie-for-Painting-Prank angeworben hatte. So schloss sich ein Kreis und so entstand sie, die im Folgejahr auf Bandcamp und als überteuerte NFT-Sonderedition veröffentlichte EP *Heavy Meta*.[2] Stand Dezember 2022 hat Malmstein null monatliche Hörer auf Spotify – ein klarer Punktsieg für Malmzeits Live-only-Dogma.

Nebst alldem fanden aber auch Livekonzerte statt. Wir, also Malmzeit, nutzten jede Gelegenheit, die sich bot. Im Juli hatten wir im „Kultur Kiosk Stuttgart" die Möglichkeit, in der Reihe „Tiny Window Concerts" einen Auftritt ohne Publikum zu absolvieren, der hernach auf YouTube veröffentlicht wurde. Man stellte uns nebst den üblichen technischen Apparaturen eine Blumenvase inklusive Blumen sowie ein Exemplar der *Stuttgarter Zeitung* zur Verfügung. Um dieses Ensemble gruppierten wir uns und kommunizierten mit einer imaginären Hörerschaft, was auch seine Vorteile hatte, gab es doch weder Widerrede noch die üblichen Aufforderungen, Megadeth-Coverversionen zu spielen. Allerdings störte uns das Bellen eines weißen Hundes vor dem Schaufenster des Kiosks. Von seinen Hipster-Besitzern wurde das Tier durch den brodelnd heißen Talkessel geschleppt; man musste ja zeigen, was man hat. Von dieser Beobachtung handelt der Song „Against White Dogs in Burning Cities", den Malmstein wenig später coverten, um ihn auf *Heavy Meta* zu veröffentlichen. Der Songtext passt bestens in eine Zeit der twitterkompatiblen Slogans, Bekenntnisse und Forderungen, besteht er doch nur aus einer einzigen Zeile: „Against White Dogs in Burning Cities."

Im Oktober begaben wir uns erneut auf eine herausfordernde Schweiz-Tournee. In der Berner Altstadt organisiert Bjørn Strømme seit vielen Jahren die Reihe „Stubenkonzerte". Der Name ist Programm, finden die Auftritte doch in den Privatgemächern Strømmes und seiner Lebensgefährtin Stefanie Marlene Wenger statt (▶ Abb. 34). Bands aus der ganzen Welt machen dort Station. Mit Bar, offenem Kamin und Backstagebereich in einem rapunzelverdächtigen Turmzimmer erschien uns der Ort perfekt für Kammermetal. Die Stuhlreihen vor unserem Sofa waren bis auf den letzten Platz gefüllt und es ist keine Übertreibung zu sagen, dass die Besucher nach Monaten der Corona-Entbehrungen nach Live-Unterhaltung geradezu lechzten. Ein lokaler Anarchist harrte schon Stunden vor Beginn im Eingangsbereich aus, schweizerische Pop-Prominenz war anwesend (Züri West) und selbst die laut eigener Aussage eher metalabstinente Gastgeberin verlor im Laufe der Beschallung jegliche Contenance (in der Schweiz bedeutet das eine Kombination aus Mittwippen, Schmunzeln und gelegentlichem Mitsummen von Lala-Chören). Sie habe, teilte sie uns mit, nun endlich einen Zugang zum Genre des Heavy Metal gefunden. Wenn Metal also dereinst staatlich subventionierte Hochkunst werden sollte, worauf vieles hindeutet, werden sich für Malmzeit wohl ungeahnte Möglichkeiten in der Kunstvermittlung bieten. Mit unserem niederschwelligen Einstiegsangebot könnten wir im Rahmen von Inklusionsprogrammen, mit denen bislang vom Metal exkludierte Bevölkerungsgruppen angesprochen werden sollen, viel Geld aus behördialen Töpfen schöpfen. Ansonsten hinderte uns lediglich die Ablenkung durch das laszive Gebaren der in der ersten Reihe sich räkelnden Begleiterin eines nicht unbedeutenden Schweizer Schauspielers an diesem euphorischen Abend daran, ein spieltechnisch vollendetes Set abzuliefern – aber gut, so blieben wir unserer Trash-Mission treu.

Abb. 34: Malmzeit bei den Berner „Stubenkonzerten".

Spät in der Nacht fuhren wir mit dem Zug in Richtung Norden, um im Juragebirge mit Milky Matcha und Fancy Formosa zusammenzutreffen. Wir bezogen Quartier in Les Enfers, wo Milky in einem gentrifizierten Bauernhaus seinen Wohnsitz hat, ließen uns den aktuellen Stand der Aufnahmen von Malmsteins Malmzeit-Coversongs präsentieren und waren hochzufrieden mit dem Ergebnis. Die Tantiemen-Verträge wurden unterzeichnet und ein Veröffentlichungstermin festgelegt: *Heavy Meta* sollte am 15. Dezember 2021 erscheinen, dem 367. Jahrestag der regelmäßigen Messung und Aufzeichnung der Lufttemperatur in Florenz. Zunächst aber ging es weiter mit der Tournee und erstmals nach Winterthur.

Earl Grey war – apropos Kunstvermittlung – von den am Winterthurer Hauptbahnhof gelegenen „Oxyd Kunsträumen" beauftragt worden, eine Ausstellung über Heavy Metal zu kuratieren. Die Gruppenschau „Metalmorphosen – Heavy Metal in Art and Culture" hatte keinen geringeren Anspruch, als „nicht nur Heavy Metal in Kunst, Kultur und Wissenschaft" nachzuspüren, sondern „auch mit Vorurteilen" aufzuräumen. Dies geschah vornehmlich durch maximale Kontrastbildung, nämlich durch die Zusammenführung einer schwarzmetallisch inspirierten Tanzperformance von Sarah Keusch, Gemälden, Objektkunst und Fotografien von Augustin Rebetez, Originalgemälden von Metal-Albumcovern aus einer Privatsammlung (der Leihgeber zog es vor, anonym zu bleiben), einer Installation zum Bandkosmos der Epic-Metal-Band Megaton Sword, einer Metal-Videopredigt des Metal-Pfarrers Samuel Hug, Jan Utechts intimen Fotografien von Metalfans in ihren Wohnungen, einem DIY-Merchandise-Stand, einer Installation zur Metalszene in Ägypten von Sandrine Pelletier sowie Video-Lectures mit Beiträgen aus der aktuellen Metalforschung. Hätte die Diversity-Polizei das Spektakel kontrolliert, sie hätte keinen Grund zur Beanstandung gefunden.

Malmzeits Job bestand darin, im Rahmenprogramm für Abendunterhaltung zu sorgen. Weil man uns aus berechtigten Gründen nicht zutraute, den Saal zu füllen, stellte man uns Ernie Fleetenkieker mit seinem Programm „Krachmucker TV" zur Seite. Das über die Anfänge in den sozialen Netzwerken zum Live-Event avancierte Konzept des Hamburgers besteht darin, ausufernd über Heavy Metal, Black Metal, Death Metal zu „schnacken" – inklusive Hörproben. *„Arte* für Assis", nennt er das. Beim Pizzaessen ergingen wir uns in allerlei Metal-Fachsimpeleien und waren überrascht, dass sich der als Rampensau bekannte Nordmann jenseits der Bühne als eher still und schüchtern erwies. Wir erfuhren, dass er mit seiner dröhnende Stimme vor Publikum Nervosität überspielt. Und tatsächlich, vor dem Auftritt stromerte er in seinen Shorts sichtlich aufgewühlt durch den Backstagebereich. Irgendwie passte das ganz gut zu Heavy Metal: Hier die starke Fassade, dort das zerbrechliche Interieur. Ganz anders natürlich wir.

Weil wir dem Publikum keinen Larger-than-Life-Budenzauber bieten und als Trash-Metaller nicht unter Perfektionsdruck stehen, betreten wir die Bühne jeweils ziemlich entspannt. Allerdings fühlten wir uns in Winterthur durchaus unter verschärfter Beobachtung, befanden sich im Publikum doch zahlreiche True-Metaller. Um Tumulte zu verhindern und nicht nur die Diversity-, sondern auch die Musikpolizei nicht zu verärgern, hatten wir etwas intensiver als üblich geprobt. So konnten wir die Spielt-er-die-mixolydische-Skala-auch-wirklich-sauber-auf-160-Beats-per-Minute?-Fraktion zufriedenstellen und zugleich irritieren, unter anderem mit einer Live-Tee-Degustation, dargeboten vom Winterthurer „Teelabor". Das inhabergeführte Fachgeschäft nahm das Gegenwartsgebot individualisierter Kundenangebote ernst. Es servierte Sumatra Bop einen Oolong und Earl Grey einen, nun ja: Earl Grey. Mit dieser selbstbezüglichen Begegnung von Kulinarik und Kammermetal war die Live-Saison für uns abgeschlossen.

Ende des Monats erreichte uns noch die Anfrage einer Google-Managerin:

> „Wöchentlich organisiere ich unsere Teammeetings und größere Team Events. Aktuell vieles leider immer noch virtuell. Bestünde die Möglichkeit, dass ihr die Intro Musik für ein anstehendes Team Event im Dezember oder Januar liefert? Das Ganze würde virtuell stattfinden (über Google Meet), Dauer ca. 5–10 Minuten."

Wir googelten zunächst, ob das fragliche Unternehmen auf einer Liste extremistischer Organisationen steht, da wir zwar grundsätzlich alle Menschen beliefern, nicht aber solche, die politischen oder religiösen Wahnvorstellungen anhängen. Extreme gehören in die Musik oder allenfalls in den konsensuellen Beischlaf, im Sozialen und Politischen ist tolerante Durchwurstelei geboten. Zwar zeigte sich, dass das Unternehmen Google nicht unumstritten war, aber es schien uns noch im Bereich des ethisch Vertretbaren zu liegen. Allerdings kam nach ein paar Mails kundenseitig die unselige Frage nach Coversongs auf – diesmal nicht nach solchen aus dem Hause Megadeth, sondern nach Schlimmerem, nämlich Schwermetallfreiem: „Bestünde die Möglichkeit das Ganze mit einem vertrauten Song einzuleiten und dann in Heavy Metal überzugehen?" Nachdem die Dame nicht nur einen Scheingegensatz zwischen „bekannt" und „Metal" konstruiert, sondern sich auch noch als Malmzeit-unsensibel erwiesen hatte, brachen wir den Kontakt ab. Wir haben nicht von ungefähr unsere Brotjobs beibehalten: Was die Musik betrifft, ist Malmzeit nicht erpressbar.

2022
Samowar statt Manowar

Eine direkte Nachfolgebuchung unseres Bern-Debüts des Jahres 2020 führte uns im Mai abermals in die „Bundesstadt" – aus Sicht echter Eidgenossen darf die dezentrale Schweiz keine „Hauptstadt" haben, weshalb 1848 entschieden wurde, dass Bern zwar Sitz von Bundesrat und Bundesversammlung werden solle, nicht aber zu einem Paris an der Aare werden dürfe. Vor dem Hintergrund des im Februar von Russland losgetretenen Krieges gegen die Ukraine wirkte Bern in seiner properen Unversehrtheit noch ein wenig surrealer als sonst.

Diesmal gastierten wir nicht in der winterlichen Altstadt, sondern an einem lauen Frühsommerabend auf einer Dachterrasse in Bahnhofsnähe. Das Grafikdesignstudio „Atelier Pol" beschenkte ebendort einen befreundeten IT-Spezialisten anlässlich dessen Geburtstags mit Grillwaren, frisch gezapftem Bier – und einem Heavy-Metal-Konzert, das noch viele Dachterrassen und Hinterhöfe weiter zu hören sein würde. Da reichlich Fachpublikum aus der lokalen Death-Metal- und Schweinerock-Szene anwesend war, fiel der Smalltalk an diesem Anlass leicht. Als kurzer Einschub für technisch interessierte Leser sei erwähnt, dass Sumatra Bop bei diesem Auftritt erstmalig auf eine der raren Neuanschaffungen im Hause Malmzeit zurückgriff: den digitalen Amp-Simulator Simplifier der chilenischen Firma Humboldt. Geräte besagter Firma fallen nicht nur hinsichtlich der Klangqualität positiv auf, sondern tragen durch ihre geringe Größe auch dazu bei, das Gesamtvolumen des Tour-Gepäcks noch einmal signifikant zu reduzieren. Bislang hatten sowohl Earl als auch Sumatra auf die etwas klobigeren, nierenförmigen Amp-Simulatoren von Line 6 vertraut, die Trash-Ansprüchen völlig genügen, Verstärker überflüssig machen und sich problemlos im Handkoffer verstauen lassen. Mit dem Simplifier sollte es von nun an ausreichen, nebst Gitarre lediglich mit einem Tagesrucksack anzureisen.

Aufgrund verschiedener Anschlusstermine trennten sich unsere Wege schon kurz nach der Bern-Lieferung. Wir begaben uns in eine dreimonatige Sommerpause, bevor wir uns Mitte September wieder trafen, um bei den altehrwürdigen Winterthurer Musikfestwochen aufzutreten. Eingeladen worden waren wir von Roulotte, einer überaus sympathischen, liebenswürdigen Theatergruppe mit transportabler Bühne und verschiedenen Beiwagen für die Essens- und Getränkeausgabe. Ihre gusseiserne Gulaschkanone war mehr Heavy Metal, als wir es je sein werden.

Wie der Name nahelegt, erstrecken sich die 1976 gegründeten Musikfestwochen über mehrere Wochen, aber auch über mehrere in der Stadt verteilte Bühnen. Zukünftig werden wir in unserem Informationsmaterial voller Stolz berichten, auf demselben Festival wie Kings of Convenience, Anaïs Mitchell, Fountains D.C. und Tallest Man on Earth aufgetreten zu sein, obschon sich deren Auftritte weder räumlich noch zeitlich mit unserer Darbietung überschnitten. Immerhin: Tallest Man on Earth und Smallest Metal on Earth auf ein und demselben Festival – das hatte es bislang noch *nowhere on earth* gegeben!

Empfangen wurden wir freundlich und kompetent. Zumindest von den Veranstaltern. Unter die Passanten in der Fußgängerzone Unterer und Oberer Graben, wo die Bühne aufgebaut war, hatte sich der eine oder andere Wutbürger gemischt. Ein älterer Herr von erkennbar metalskeptischer, wenn nicht metalleugnerischer Gesinnung reckte beim Soundcheck zornig die Faust in die Höhe und rief uns, energisch den Kopf schüttelnd, etwas zu. Allein, wir verstanden es nicht, spielten wir doch viel zu laut und hatten auch keine Lust, daran etwas zu ändern. Grundsätzlich freuen wir uns aber über spießbürgerliche Interventionen, denn Spießbürger haben immerhin eine Haltung und nehmen laute Musik noch ernst – wo käme man denn hin, wenn all das, was einmal hatte provozieren sollen, überall nur noch mit toleranztriefenden Blicken abgenickt würde? Es wäre eine ziemlich lauwarme Welt. Gerne hätten wir uns mit dem Herrn, dessen Zornesgesten im Grunde, wie die Gulaschkanone, viel schwermetallischer waren als unser eigenes Auftreten, ein wenig ausgetauscht, doch nach Beendigung des Soundchecks war er verschwunden. Ein paar Stunden später sollten wir uns fragen, ob er vielleicht hinter einem Sabotageakt auf unser Konzert steckte. Aber eines nach dem anderen.

Zunächst einmal füllten seine Altersgenossen nach und nach die Stuhlreihen in froher Erwartung des musikalisch Kommenden; das jüngere Publikum gruppierte sich in wohltuend großen Scharen um die Sitzgelegenheiten herum. Ein ums andere Mal stellten wir fest, dass Heavy Metal bei der Generation 60+ einen durchaus respektablen Stellenwert hat. Zwar lichtete sich die erste Reihe nach den ersten Songs merklich und zahlreiche Finger formten sich nicht zum Teufelszeichen, sondern stopften panisch Gehörgänge zu (▶ Abb. 35). Der Großteil des Publikums blieb jedoch bis zum Ende sitzen und applaudierte artig. Wir sollten, sagten wir uns, endlich mal den inneren Automatismus abstellen, der uns bei Menschen eines gewissen Alters vorschnelle Vergleiche zu unseren eigenen Eltern ziehen lässt – sowohl in Earls als auch Sumatras Familie war Heavy Metal wenig gelitten gewesen. Stattdessen empfiehlt es sich, ein wenig Arithmetik zu betreiben, um dann festzustellen, dass eine Person, die heute in ihren Sechzigern ist, bei der Veröffentlichung des ersten Albums von Iron Maiden in ihren Zwanzigern war. Passt also.

Abb. 35: Be- und entgeisterte Malmzeit-Fans in Winterthur (Foto: © Ben Flumm).

Wir wollen aber nicht nur die ältere Generation betrachten; denn Malmzeit leistete in Winterthur auch einen wichtigen Beitrag zur musikalischen Früherziehung. So wurden wir um ein gemeinsames Foto mit einem etwa achtjährigen Jungen gebeten, der mit seiner Mutter und seinen Geschwistern nach dem Gitarrenunterricht direkt zum Konzert gekommen war. Er wolle einmal so spielen können wie wir, vertraute seine Mama uns an und streichelte dem verträumt dreinblickenden Kleinen über den Kopf. Dann wurde posiert, geknippst, Plektren verschenkt, das ganze Programm. Wir sind uns einigermaßen sicher, dass es nicht allzu lange dauern wird, bis der Knabe besser spielt als wir. Auch ein paar unserer Make-Metal-Small-Again-T-Shirts wurden wir los, unter anderem an ein älteres Schwulenpärchen. Wir fühlten uns bestätigt, das angeblich heterosexistische, im Grunde aber immer schon queere Metalgenre zielgruppenmaximiert zu haben.

Im Gegensatz zum angelsächsischen Raum werden Konzerte unserer Größenordnung in Mitteleuropa selten durch Security-Leute abgesichert. Theoretisch könnte jeder auf die Bühne klettern und dort Schabernack treiben. Dies passiert zum Glück selten, ist aber in Winterthur tatsächlich vorgekommen. Allerdings hatte der junge Mann, der da nonchalant die Bühne erklomm, sich vor uns postierte, uns mit irgendwelchen klandestinen Gesten etwas zu bedeuten versuchte und dann zu tanzen begann, offenbar die Musikrichtung verwechselt. Kleidung und Tanzstil ließen jedenfalls vermuten, dass er sich auf einer HipHop- oder R&B-Veranstaltung wähnte. Falsch! Wir ließen ihn gewähren, spielten unseren Song weiter und waren nun halt eine Crossover-Band.

Unklar war, wie sich die Situation weiterentwickeln würde. Wir erfragten den Namen unseres neuen Mitglieds, stellten ihn dem Publikum vor und absolvierten eine weitere Nummer mit ihm als Tänzer. Allerdings schien er leicht verwirrt zu sein und gab uns weiterhin kryptische Handzeichen, deren Nicht-Befolgung ihn in eine zunehmend aggressive Stimmung versetzte – zum Glück schaltete sich in dieser heiklen Lage die Technik ein, beziehungsweise aus. Ein Stromausfall sorgte dafür, dass das Konzert zum Erliegen kam und der junge Mann im Schutze der plötzlichen Dunkelheit genauso schnell davon schlich, wie er gekommen war. War die infolge der Russlandkrise prognostizierte Energieknappheit oder gar der von den globalen Prepper-Brigaden geradezu herbeigesehnte Blackout etwa schon Realität geworden? Oder war der Wutbürger vom Soundcheck mit seiner Hornbach-Axt zurückgekehrt und hatte aus Rache das Starkstromkabel durchgehauen? Er hätte uns einen weiteren Dienst erwiesen – sollte er diese Zeilen lesen, so möchten wir ihm ein herzliches Dankeschön aussprechen! Auf der Bühne sitzend war es uns jedoch nicht möglich, die Ursache zu ergründen, also tranken wir ein wenig Tee, parlierten mit den Besuchern aus der ersten Reihe und nutzten die Zeit, um Hemdkrägen und Krawattenknoten zurechtzurücken. Earl Grey trug an diesem Abend übrigens erstmals eine rote Krawatte mit Kuh-Muster (▶ Abb. 36). Der Veranstalter hatte einen entsprechenden Wunsch geäußert, der natürlich erfüllt wurde. Sumatra Bop konzertierte dagegen in einem leichten Sommeranzug und Strohhut (▶ Abb. 37). Wenig später war der Fehler behoben. Der schweizerische Katastrophenschutz arbeitet wie wir: effizient und präzise.

Abb. 36: Earl Grey, auf Kundenwunsch mit modischer Kuh-Krawatte (Foto: © Ben Flumm).

Gegen Ende des Sommers, als das Sonnenlicht bereits etwas gnädiger zu scheinen begann, aber die Temperaturen noch nicht so kalt waren, dass es langärmliger Strickwaren bedurft hätte, traf man sich wieder. Diesmal, um ein mehrfach verschobenes Sakralkonzert in der Nikodemuskirche in Stuttgart-Botnang nachzuholen. Dass sich die Metaphysik-Branche für Metal interessiert, ist nur folgerichtig, hat dieser doch quasi im Alleingang die christliche Mythologie durchs 20. und 21. Jahrhundert gerettet. Je leerer die Kirchen wur-

Abb. 37: Sumatra Bop in sommerlicher Garderobe (Foto: © Ben Flumm).

den, desto voller wurden die Metalkonzerte. Und was sah und hörte man auf diesen Konzerten? Genau: Judas Priest. The Number of the Beast. Black Sabbath. The Four Horsemen. The Satanist. Und immer so weiter. Kurz gesagt, hielt der Metal unter ketzerischen bis blasphemischen Vorzeichen die Greatest Hits der christlichen Religion in der Rotationsschlaufe. Die Kreuze wurden zwar umgedreht, aber es waren immer noch Kreuze. Nun war es für die Kirche an der Zeit, dem Metal einmal „Danke" zu sagen – natürlich auf theologisch unverfängliche Weise, also mit Heavy Metal über das Wetter.

Der Botnanger Pfarrer Stephan Mühlich hatte uns bereits 2020 für die Sakrallieferung gewinnen wollen, allein, die biblischen Ausmaße der Virusplage hatten dies verunmöglicht. Nun war es endlich so weit. Der Weg zur Kirche führte über mit Moos bewachsene, leicht schlüpfrige Waschbetontreppen. Das Gotteshaus selbst war eingebettet in ein Ensemble aus mehreren angegliederten Gebäuden, die als Gemeindezentrum und Kindergarten genutzt wurden. Alles war aus Beton und man konnte mehr als nur erahnen, was in den

60er-Jahren einmal als modern angesehen worden war. Die abschreckende Wirkung, die diese Architektur auf in der Barockzeit hängengebliebene Zeitgenossen hat, steht in merklichem Gegensatz zur angenehmen Atmosphäre in den Innenräumen. Wir als Metaller sind natürlich begeistert von brutalistischen Stahlbetonbauten, wenngleich deren Kargheit eher an Post Metal à la Neurosis als an klassischen Heavy Metal à la Judas Priest erinnert.

Ein wenig unklar war, wie wir mit der schwierigen Akustik zurechtkommen würden. Bestand Gefahr, dass uns das Bauwerk mit seinem Himmelshall in eine Gothic-Band verwandelte? Dies galt es, zu vermeiden. Dementsprechend viel Zeit erforderte der Soundcheck. An das unter Musikern oft verwendete Argument, dass ja beim Auftritt, wenn der Raum erst einmal mit Menschen gefüllt sei, eh wieder alles ganz anders sei, da die Leute mit ihren Textilbehängen den Schall „schluckten", glaubten wir in Botnang nicht. Dazu war der Raum zu groß und die Anzahl metalbegeisterter schwäbischer Christen wie überhaupt die Anzahl der Kirchgänger im 21. Jahrhundert zu klein. Unsere Befürchtung stellte sich jedoch als übertrieben heraus. Zwar war der Sound durchaus etwas verschwommener als sonst. Aber das sind ja die Religion und der Metal heutzutage auch. Zudem genossen wir an jenen Stellen der Songs, bei denen eine Generalpause zu spielen war, die geisterhaft zwischen den Betonelementen umherschießenden Hallfahnen.

Bevor es aber so weit war, wurden wir ins Pfarrhaus zu Pasta und selbstgebackenem Zwetschgenkuchen geladen. Wir waren verwundert, dass sofort, ohne vorheriges Tischgebet, losgegessen wurde. Nur eine freundliche Konzession an den ungläubigen Zeitgeist, der da in Gestalt zweier Metaller zu Gast war? Nein, keinesfalls. Pfarrer Mühlich erläuterte, dass man vor dem Essen nur dann beten müsse, wenn man den Koch nicht kenne oder derselbe von zweifelhaftem Charakter sei. Da er aber selbst gekocht habe, könne man ohne übernatürliche Sicherheitsvorkehrungen direkt mit der Mahlzeit be-

Abb. 38: Malmzeit im Gotteshaus mit Pfarrer Mühlich am Samowar.

ginnen. Und das taten wir dann auch. Dass der Seelsorger einige Zeit in Sizilien in einer Gemeinde verbracht hatte, die kaum größer gewesen war als der Heavy-Metal-Lieferservice, war aus der tadellos zubereiteten Nudelspeise herauszuschmecken.

Für die Tee-Zeremonie während des Konzerts überlegte sich Pfarrer Mühlich eine besondere Überraschung. Das obligatorische Bühnengetränk wurde in einem formschönen Samowar sowjetischer Bauart produziert – schwer, stark und gefährlich. Es handelte sich um ein Geschenk ukrainischer Christenmenschen, das Mühlich einst erhalten hatte. Der Samowar verfügte nicht über eine automatische Temperatur-Regelung, weswegen Mühlich ab und an auf das Podium – sprich an den Altar – trat, um den Stecker zu ziehen (▶ Abb. 38). Eine reine Vorsichtsmaßnahme, um sowohl das Gerät selbst als auch die gesamte Kirche vor Brandschäden zu bewahren. Unsere Befürchtung, nachts infolge Teekonsums nicht schlafen zu können, bewahrheitete sich zum Glück nicht. Vermutlich waren wir nach unserem ersten Auftritt unter direkter göttlicher Observanz schlicht zu erschöpft.

Das Konzert selbst verlief ohne Zwischenfälle. Das Publikum gliederte sich auf spontane und natürliche Weise in zwei Konfessionen. Auf der einen Hälfte der Bankreihen saßen der Kirchengemeinderat und Menschen, die offenbar schon mehrfach dieses Gotteshaus besucht hatten, auf der anderen Seite die paar Leute, die wir mit unseren Ankündigungen in Funk, Fernsehen und Social Media hatten akquirieren können – plus Freunde und Freunde von Freunden. Alles in allem kamen wir auf eine Besucherzahl, wie sie mittlerweile auch zu üblichen Gottesdienst-Zeiten die Regel ist. Metal ist konkurrenzfähig.

Der erste Teil der Stuttgart-Tour war also geschafft. Erlöst fielen wir ins Bett und fanden trotz des zweitstärksten Tees unserer Karriere (siehe Jahr 2005, Galerie „Scherer 8") ausreichend Schlaf, um am nächsten Tag das zweite Open Air des schon fast wieder vergangenen Jahres zu bestreiten. An einem der letzten warmen Sommertage waren wir zu Gast beim „Tiny Window Festival", einem Format, das aus der „Tiny Window Concerts"-Reihe hervorgegangen war (siehe Kapitel 2021). Verantwortlich zeichneten die rührigen

Organisatoren Sara Dahme und Michael Fiedler vom „Kultur Kiosk". Per *Regio TV* wurden ausgewählte Programmteile live gestreamt.[3] Schauplatz war das Züblin-Parkhaus in Stuttgart-Mitte – und zwar auf dem obersten Parkdeck, unter freiem Himmel, umgeben von Urban-Gardening-Artefakten und Dixi-Klos. Da die Gegend nicht nur Stuttgarts Rotlichtviertele ist, sondern auch Wohngebiet, waren die Auflagen entsprechend streng. Mit typischer Festival-Lautstärke durfte nur bis 18:00 Uhr konzertiert werden, was dem Aufkommen eines standesgemäßen Open-Air-Gefühls nicht gerade zuträglich war.

Die Lösung von Dahme/Fiedler bestand darin, die gesamte Veranstaltung mit Kopfhörern durchzuführen (▶ Abb. 39). Ein Modus, der durchaus Charme besitzt, kann man doch bei Nichtgefallen einfach die Kopfhörer abnehmen und ein paar Worte mit der Begleiterin wechseln, ohne sich gegenseitig ins Gesicht brüllen zu müssen und dabei die damals so gefährlichen Aerosole zu verbreiten. Möchte man sich nicht zu nahekommen, sei es aus Vorsicht, Respekt oder Abscheu, so empfiehlt es sich also, künftig Kopfhörerkonzerten den Vorrang zu geben. Auch kann die Lautstärke individuell eingestellt werden, was gerade uns als kundenorientierter Metal-Band sehr entgegenkommt. Allerdings kam es in diesem Fall zu durchaus bizarren Situationen, etwa wenn man bei Malmzeit den Kopfhörer abnahm und lediglich Earl Grey über den Parkplatz brüllen hörte. Selbstredend gelingen solche Veranstaltungen nur, wenn die Tontechnik so professionell besetzt ist wie im „Kultur Kiosk" – übrigens ausschließlich mit weiblichem Personal, das alle Klischees über Frauen und Technik nicht mit hehren Worten, sondern nüchtern mit Taten widerlegte. Unserer anarchistischen Grundhaltung – *don't theorize, practice what you preach!* – kam das zupass.

Das erste echte Nach-Pandemie-Jahr – oder handelte es sich um ein neues Vor-Pandemie-Jahr? – beschlossen wir mit dem zweiten Teil unserer Sakraltournee und fuhren nach Basel, um in keiner gerin-

Abb. 39: Auch bei Metalkonzerten mit Kopfhörern wird die Spielzeit eingehalten.

geren als der reformierten Kirchgemeinde Allschwil-Schönenbuch aufzuspielen. Anscheinend ist unsere schmuck- und schnörkellose Handwerkskunst mit der Ethik protestantischer Konfessionen kompatibel, wenngleich der traditionelle Heavy Metal in seiner Opulenz ja eher dem katholischen Barock, also der Gegenreformation, zuneigt. Aber durch unser unprätentiöses Auftreten würden wir uns sogar in pietistische Hauskreise einfügen. Ob im Homeland des schwäbischen „Pietcong" oder in der calvinistischen Schweiz: Malmzeit ist fleißig, pünktlich, demütig.

Nach Basel bestellt hatte uns mit Jugendarbeiter Markus Bürki ein Bestandskunde, war er es doch gewesen, der uns bereits 2012 für eine Feier in der Schweizer Greenpeace-Zentrale in Zürich gebucht hatte. Diesmal galt es, seine Abschiedsfeier musikalisch zu untermalen. In den zehn Jahren, die seit dem Greenpeace-Gig vergangen waren, hatte der mittlerweile im Kirchendienst stehende Metalfan mehrere Kinder bekommen. Aufgrund der selbstauferlegten Jugendarbeit zu Hause stand ihm der berufliche Sinn verständlicherweise nach Veränderung. So wechselte er denn, als Metaller den Extremen verpflichtet, von der kirchlichen Jugend- zur kirchlichen Seniorenarbeit.

Abb. 40: Eine weitere sakrale Metal-Lieferung, diesmal nach Basel.

Die Stuhlreihen waren gut gefüllt. Es war zugegeben eine kleine Kirche, ja um genau zu sein nur das „Kirchli“ neben der Hauptkirche (▶ Abb. 40). Anwesend waren Jugendliche diverser Geschlechter, geschätzt zwischen 12 und 16 Jahren alt. Da Malmzeit sich nebst Ausgleichshobbys einzig dem Metal verpflichtet hat und nicht nur keine eigenen Tonträger, sondern auch keine eigenen Kinder produziert, fehlt uns ein wenig der Kontakt ins Milieu. Entsprechend konnten wir die Reaktionen bzw. Nicht-Reaktionen der Anwesenden vorab schwer einschätzen. Und siehe: Schon nach zwei Songs hatte etwa die Hälfte der Teenager im Stile indignierter älterer Ehepaare bei Theaterinszenierungen, in denen Blut und Sperma versprüht wird, die Kirche verlassen. Wir mussten gegensteuern. Zwar tut es immer wieder gut zu sehen, dass man mit Heavy Metal doch noch Menschen in die Flucht treiben kann. Hier aber galt es, junge, noch formbare Seelen für die gute, also harte Sache zu gewinnen.

So bemühten wir uns denn redlich, mit den Vertretern der Generation Z ins Gespräch zu kommen. Ob sie denn irgendwelche Fragen an uns hätten, wollten wir wissen, signalisierend, dass wir ernsthaft an ihnen interessiert seien. Woher wir denn kämen, frug einer nach einer längeren, etwas unangenehmen Pause. In lockerem, aber womöglich nicht streetcrediblem Slang erteilten wir Auskunft. Danach machte sich wieder Stille breit. Der Hinweis, dass wir an unserer Bandbiografie arbeiteten und sich die einmalige Chance böte, jetzt und hier durch irgendeine Aktion oder Reaktion dafür zu sorgen, dass unser Ausflug nach Basel nicht lediglich als Fußnote erwähnt werden würde, sorgte immerhin für verhaltene Publikumsbeteiligung. Schließlich rief ein mutiger, in eine identitätsfluide Glitzerjacke gehüllter Teenager, dass die Teenagerin neben ihm heute Geburtstag habe, woraufhin lautstark die Intonierung des Klassikers „Happy Birthday“ gefordert wurde.

Nun ist es ja so, dass Malmzeit grundsätzlich keine Coverversionen spielt. Schon gar nicht solche, die von Happiness handeln. Andererseits war uns schnell klar, dass wir die Geister, die wir da gerufen hatten, nicht so einfach wieder losbekämen. Immerhin handelte es sich um Vertreter einer einst revolutionären Konfession, die schon blutige Bauernkriege vom Zaun gebrochen hatte. Um das Publikum nicht zu radikalisieren und keine neuerlichen Glaubenskonflikte zu riskieren, studierte Sumatra kurzerhand die Melodie auf seiner Gitarre ein und aktivierte dann den Kirchenorgel-Sound auf dem Effektgerät, das bei unseren Sakralkonzerten ohnehin stets zum Einsatz kommt. Der Geburtstagschor intonierte relativ fehlerfrei, was wohl dem kontinuierlichen kirchlichen Training zu verdanken war. Religion hat eben doch ihren Wert, auch fürs Säkulare.

Diese kleine Episode hätte getrost als weitere lustige Anekdote ins Gedächtnis wandern können, wenn nicht Sumatras Gefährtin, die sich unter das Publikum gemischt hatte, zufällig ein Gespräch belauscht hätte, aus dem hervorging, dass die betreffende Teenagerin mitnichten an jenem Tag Geburtstag hatte. Offenbar waren wir einer Geburtstagsschwindlerin aufgesessen. Oder man wollte uns einfach mit allen verfügbaren Tricks von der Metal-Aufführung abhalten. Immerhin, den älteren Mitgliedern der Gemeinde schien unsere Aufführung gefallen zu haben, und auch Markus Bürki zeigte sich hochzufrieden. So plauderte man noch ein wenig über die Vorzüge von Cannibal Corpse und The Ocean. Weitere Rückmeldungen inhaltlicher Art seitens der Jugend blieben aus – vermutlich waren wir schlicht zu wenig Hip-Hop oder Hyperpop. Lediglich Sumatras Sockenwahl entlockte der einen oder anderen Zuschauerin lobende Kommentare.

2023
Bilanz zum Jubiläum: Milestone „Geriatrisierung" erreicht

Unser großes Jubiläumsjahr begann wie so viele andere Jahre zuvor eher prosaisch: Zwecks Durchführung eines Konzerts wurde eine Bestuhlung vorgenommen. In diesem Fall war es Alain Kupper alias Rockmaster K, der eigenhändig die Sitzmöbel in seiner Zürcher Kunstgalerie „Kupper Modern" arrangierte. Der Grafiker, Musiker, Künstler, Fotograf und Galerist hatte uns bestellt, um im Januar die Finissage der Ausstellung „The Sweetest Patriots" musikalisch zu untermalen. Das traf sich gut, waren wir doch auf der Suche nach einer geeigneten Location für das erste in einer Reihe von Jubiläumskonzerten, die wir in der Schweiz und Deutschland durchzuführen gedachten. In Zürich sollte Malmzeit ganz klassisch mit Kammermetal aufwarten, für den deutschen Herbst hatten wir Malmstein angefragt, ob sie einen Malmzeit-Cover-Abend in Schwaben bestreiten wöllten – die Zusage erfolgte prompt. So kam eines zum anderen und wir in den Genuss der Gastfreundschaft Kuppers, der die Speisekarte des für das Catering auserkorenen tamilischen Restaurants auswendig hersagen konnte und uns so nicht nur zarte Hähnchenfleischgerichte, sondern auch wertvolle Zeit für den Soundcheck verschaffte.

Kuppers feudale Räume boten ein der Würde des Jubiläums angemessenes Ambiente. Auch der Hausherr selbst passte als Grenzgänger zwischen den Kulturwelten gut zum Geist der Band. Im Obergeschoss hatte er ein Porträt des Celtic-Frost-Gründungsmitglieds Martin Eric Ain ausgestellt, der gleichsam über uns wachte, während wir unser Equipment vor einem wandfüllenden Arrangement kleinformatiger Zeichnungen des Zürcher Kinobetreibers Frank Braun positionierten. Bezüge zu meteorologischen Sujets waren in den lakonischen Bildern mehrfach enthalten und unser bevorzugtes Fortbewegungsmittel, die Eisenbahn, tauchte ebenfalls darin auf. So fühlten wir uns auch in dieser Hinsicht gut aufgehoben.

Für das Konzert war kein Geringerer als Maciek Lubieniecki aus Danzig angereist, um sich einer neuen Herausforderung zu stellen: Hatte er in unseren Anfangstagen den CD-Player und beim 15-Jahr-Jubiläum das Smartphone bedient, so rief er die Beats im Jahre 2023 auf gewohnt nonchalante Weise von einem avancierten Tablet ab – auch vor Malmzeit macht der technische Fortschritt nicht Halt. Earl hatte sich gar eigens für das Jubiläum einen „TC-Helicon Mic Mechanic 2“-Bodentreter sowie, endlich, ein neues, etwas weniger kanistrig klingendes Headset-Mikrofon angeschafft, um den Anwesenden zum Jubeljahr die bestmögliche Stimmperformance zu bieten. Es zeigte sich indes, dass es zwingend umfangreicher Testreihen bedarf, um ein neues Gerät in die bestehende Konfiguration zu integrieren, neigte der Helicon doch dazu, Earls Stimme mit einem Gespinst feiner Rückkopplungen zu umfloren. Das klang ein bisschen wie das Gefiepse der Hörtests beim Ohrenarzt. Zum Glück konnten wir mit visuellen Leckerbissen ausgleichen. Wie bei den Vorjubiläen hatten wir auch diesmal einen modernen Lichtbildvortrag vorbereitet, der Einblicke in unser Tour- und Privatleben bot, etwa feierliche Aufnahmen von der internationalen Sakraltournee 2022.

Erfreulicherweise war das Konzert bis auf den letzten Sitzplatz ausgebucht, auch Treppenstufen und Nebenräume füllten sich mit Publikum, darunter ein sphingenhaft dreinblickender Vertreter der Edelexperimentalband Steamboat Switzerland, eine stabil schmunzelnde altgediente Zürcher Punkgröße sowie Kunstschaffende aller Couleur. Mit Wohlwollen, aber auch einer gewissen Furcht registrierten wir überdies den Zustrom junger Menschen – würde uns dasselbe Schicksal ereilen wie bei den heranwachsenden Christen von Allschwil, die uns nicht einmal missionarische Würdigung hatten zuteilwerden lassen? Weit gefehlt! Diesmal stieß unsere Performance auf das Wohlwollen der Vertreter der Generation Z. Dieses äußerte sich unter anderem darin, dass sie uns kurze Konzertmitschnitte im TikTok-Stil kabelten und auf unsere ans Publikum gerichtete Frage, ob man lieber ältere oder neuere Songs hören wolle, wie aus der Pistole geschossen „Ältere!" riefen. Doppelt erfreulich war, dass unsere Selbstauskunft, nicht nur die Geriatrisierung des Metal vorangetrieben zu haben, sondern auch selbst dem geriatrischen Stadium immer näher zu rücken, dem Wohlwollen keinen Abbruch tat. Von der vieldiskutierten Altersdiskriminierung war auf jeden Fall nichts zu spüren. So waren auch wir, nach zwei Dekaden harter Arbeit, endlich *contemporary* geworden.

Zwar matschte bei unserer Darbietung der Sound etwas und wir verloren mitunter die Orientierung in verzischelten Beats-Gewittern, was Sumatra Bop erzürnte, der spieltechnisch in Hochform war. Doch wenn es denn lief, dann lief es gut, wie die Videomitschnitte beweisen, die der bereits 2018 für unser Jubiläumsvideo zuständige Künstler Shaotong He zu einer vorzüglichen Experimentalminiatur zusammenschraubte. Nebenbei knackten wir bei diesem Konzert die Rekordmarke für die längste Ansage – vermutlich nicht nur hinsichtlich unseres eigenen Schaffens, sondern der gesamten Metal-Geschichte als solcher: über 16 Minuten am Stück hielt Earl das zunehmend nervöse Publikum mit onkelig dahergeplauderten Anekdoten aus der Bandgeschichte hin, bevor es endlich wieder einen Song auf die Ohren gab. Und das war nur eine Ansage unter vielen.

Im Kundendialog trafen wir nach dem Konzert unter anderem auf Patrick Bichsel, seines Zeichens Violinist der jungen schweizerischen Metalcore-Band Nice To Eat You. Der begnadete Saitenhexer bekannte, an Malmzeit „das Technische unterschätzt zu haben", und fachsimpelte mit Sumatra Bop ausführlich über allfällige Gemeinsamkeiten. Und die waren schnell gefunden. So pflegt Patrick ebenfalls stets gut gekleidet und im frisch gebügelten – womöglich gar weißen – Hemd zu geigen. Inmitten seiner vom Scheitel bis zur Sohle tätowierten, mit Cargo-Pants und martialischen Shirts bekleideten Bandkollegen ist er somit ebenso ein Exot wie Malmzeit in der Fußgängerzone von Winterthur. Bei allen durch zustimmendes Kopfnicken beteuerten Übereinstimmungen war jedoch auch ein gewisser *Generation Gap* augenscheinlich: Während Sumatra Bop lediglich den Metallica-Alben bis *Master of Puppets* eine gewisse Relevanz einräumte, fing die Reihe für Patrick mit dem *Black Album* überhaupt erst an. Nun ja. Diese Jugend von heute!

Abb. 41: Malmzeit-Geburtstagstorte im Kiribati-Design.

Ein aus Bern angereister Molekularbiologe rechnete uns gute Chancen aus, mit unserem Metal-Lebensstil die Rekorde der Rolling Stones in Sachen Langlebigkeit zu brechen. Rein biologisch wäre es tatsächlich möglich, pflichtete Earl bei – allerdings wäre es dann wohl nötig, die Band durch mitreisende Pflegekräfte live zu bewindeln. Frank Braun wiederum teilte uns mit, er habe Gefallen an seiner neuen Rolle als Visual-Backdrop-Provider für Metal-Bands gefunden. Rada Leu, mit der wir 2018 in der Republik Moldau aufgespielt hatten, überreichte als Geburtstagsgeschenk einen erlesenen Pu-Erh-Teekuchen, Earls Lebensgefährtin eine der Nationalflagge Kiribatis, mithin dem Cover von Malmzeits erster und einziger EP nachempfundene Lakritz-Torte (▶ Abb. 41).

So war es denn ein schöner Abend, der uns wohlgemut in die Zukunft blicken ließ, Klimakrise hin oder her – wenn sich alle Metal-Bands nur möglichst schnell entschlössen, unserem annähernd CO_2-neutralen Beispiel zu folgen, müsste sich ohnehin niemand mehr auf Straßen festkleben oder in Wäldern verschanzen. Auch die von uns immer wieder beschworene Geriatrisierung des Metal, welche das Genre schon in den späten 70er-Jahren mit all den Zombies auf den Plattencovern akkurat vorweggenommen hatte (es handelte sich im Grunde um prophetische Porträts des Metal-Publikums der 2020er-Jahre), konnte uns weniger denn je schrecken. Die Intensität des Metal beruht nicht darauf, angestrengt über Bühnen zu flitzen und von Boxentürmen zu hüpfen. Sitzend und singend waren wir in unser 21. Lebensjahr hineingeglitten und sitzend werden wir dereinst wohl aus dem Leben hinausgleiten, ein Lied über das Wetter auf den Bepanthen-betupften Lippen.

Anmerkungen

1 https://www.youtube.com/watch?v=G9UCoRUyN9s [Zugriff: 26.06.2023].

2 https://malmstein.bandcamp.com/album/heavy-meta [Zugriff: 26.06.2023].

3 https://www.regio-tv.de/mediathek/video/on-demand-unser-livestream-vom-tiny-window-festival-mit-malmzeit-und-sweed [Zugriff: 26.06.2023].